Foreword

旅の一番の楽しみは街を歩くことだ。

宿に着いたら、まずは周辺を歩く。地図は持たない。ただひたすら気の向く方向にまっすぐに歩く。何があろうとなかろうと、ただただ歩く。ゆっくりと。

しばらく歩くと、街の雰囲気ががらりと変わる境界線のような一本の道に気づく。するとまた、右でも左でも、気の向く方向に曲がり、同じ距離を歩く。そんな歩き方を繰り返すと、自然と出発点に戻ってくる。

毎日通いたくなる食堂やカフェ、本屋、日用品店を見逃さないように見て歩き、折りたたんでポケットに入れておいたメモ紙に、簡単な地図を描いて、自分だけがわかれば良い程度に書き残しておく。

これで自分だけの地図が出来上がる。地図を持たない理由はこの通り。地図は自分で作るもの。僕の信条はこうして生まれた。

「この店、あの場所」は、日々の地図作りから生まれた連載だった。どこまでも歩いて、いつまでも歩いて出会った、僕だけの「この店、あの場所」だ。

歩かないと見つからないものばかりだ。

松浦弥太郎

Contents

本書は雑誌『POPEYE』の連載「この店、あの場所」2012年6月号〜2015年10月号の記事に増補・改訂を加えたものです。本書内の情報・写真は、雑誌連載時のものがあります。

掲載されている商品価格は、特別な表記がある場合を除き、すべて税別価格となります。

『オールドインペリアルバー』でハンバーガーをほおばり、おやつに『虎屋菓寮』の葛切を食す。

はたち頃のぼくはなんでも少し背伸びをしたくて、いつも大人の世界をのぞき見ていた。スノッブと言えば聞こえは良いけれど、要するに生意気な少年だった。ニューヨークの老舗バー&レストラン『P.J.Clarkes』には、素足にペニーローファーを履き、ボタンダウンシャツの袖をふたつまくって、裾はチノーズの外に出し、ベースボールキャップを被り、読めもしないニューヨークタイムズを小脇に抱えてランチタイムに通い詰めた。注文するのは、キャデラックバーガーというベーコンチーズバーガーである。はじめて行った時、ウェイターに焼き加減を聞かれてドギマギした。ミディアムレアと答えるのが精いっぱいだったが、「野菜はどうするか?」と聞かれた時はうまく答えられなかった。次からは、聞かれる前に、注文と同時に言うようにして気取ってみせた。キャデラックバーガーはすごくうまかった。粋なニューヨーカーはバーでランチを食べる。こんなスノッブな偏見がニューヨークでは身についた。

帝国ホテルの『オールドインペリアルバー』でハンバーガーを食べると、そんなニューヨークの思い出がよみがえる。『オールドインペリアルバー』は、フランク・ロイド・ライト設計の帝国ホテル旧本館のおもかげを今でも残している知る人ぞ知る場所である。ライトが好んで使った大谷石のレリーフや壁のテラコッタ、オリジナルのフロアスタンドなど、その一部が建物の開館時のままに保存されている。ハンバーガーを食べるために、上等のジャケットを着てネクタイを締め、磨いた革靴を履き、ランチタイムに出かける。それも一人でだ。こういうところに人と連れ立って行くのは野暮である。

行けばわかるが、昼間のホテルのバーは不思議な心地良さがある。客も少なく、普段味わえないような静かな時間が流れている。ときたま自分と同じように、一人でハンバーガーを食べている正装した老紳士を見かけるが、とてもすてきでかっこいい。

ハンバーガーのパティはミディアムレアに焼かれ、一口食べるとジューシーな肉汁がたっぷりと皿に落ちる。それでいて上品なうまさであるから、この料理人の腕は相当なものだ。サービスだけではない一流の仕事がここにある。ちなみに、この店に置かれている黒電話はベルが鳴らない。ベルを外しているのか、着信するとカタカタと小さな音がするだけだ。いわば、そういう場所であるから、店では携帯電話の電源を切っておくのが作法であろう。

帝国ホテルの後は、赤坂見附の『虎屋菓寮』に行くと決めている。おやつに葛切を食べるからだ。それ以外は考えられない。ハンバーガーとの相性をぜひ試してもらいたい。葛切といえば、京都の『鍵善良房』を思い浮かべる。しかし東京にもそれに負けない味が『虎屋菓寮』にある。徳島産の和三盆糖で作る蜜につけて食べる葛切はたまらなくうまい。目をつむりたくなるうまさに頬がゆるむ。『虎屋菓寮』の楽しみはおやつだけではない。和菓子共々、日本古来の季節の誂えである。

『虎屋菓寮』で一服するということは、その季節をたっぷりと堪能するということである。

日比谷

帝国《ていこく》ホテル東京《とうきょう》
オールドインペリアルバー

帝国ホテルの中2階にひっそりと佇むバーは、昼間でも照明が落とされていて、1920年代にタイムスリップしたような空間。夜は、銀座の大人たちが集う。◯東京都千代田区内幸町1-1-1 帝国ホテル東京 本館中2F ☎03·3539·8088　11:30〜LO24:00

赤坂見附

虎屋菓寮《とらやかりょう》
赤坂本店《あかさかほんてん》

室町時代後期から続く老舗和菓子『とらや』の喫茶。葛切の他、あんみつ、羊羹や季節の生菓子など、知っておきたい伝統の味と出合うことができる。◯東京都港区赤坂4-9-22　現在、ビル建て替え工事に伴い休業中。2018年にリニューアルオープン予定。

男が一人でくつろげる店です。サービスがスバラシイ!

虎屋の和菓子はすべて 50g。職人の目と手の平でも計っています。

IMPERIAL HOTEL TOKYO

ハンバーガーも良いが、クラブハウスサンドイッチもなかなかうまい。

TORAYA

ちなみに虎屋の羊かんは厚さが2.4cmとなります。うすく切ったら羊かんの味が台ナシになります。

Frank Lloyd Wright の椅子に座る至福のひととき

世界一の古書店『源喜堂書店』で写真集を買って、『山の上ホテル』の屋根裏部屋に泊まる週末。

行きつけの本屋があるということは、自慢の趣味をひとつ持っている、といっていいだろう。そしてまた、その本屋が古書店であれば、決して退屈しない一生を約束されたようなものである。

神田小川町の『源喜堂書店』には二十年以上通っている。美術書専門の老舗で知られた古書店である。この店で客として学んだことはあまりに多くて言い尽くせない。そして今、自分が小さいながらも細々と古書店を営んでいるのだから不思議でならない。少なくとも『源喜堂書店』との出合いがなければ、今の自分がいないことは確かである。

パリ、ニューヨーク、ロンドン、サンフランシスコから北カリフォルニアなどにある、名高い古書店をつぶさに歩きまわって言えることがある。『源喜堂書店』が、美術書専門において世界一の古書店であるということだ。試しに外国の古書店を営む知人らを連れていくと、その品揃えのクオリティの高さに驚き、皆、良心的な値段に言葉を失う。たとえば、ニューヨークにおいて千ドル以上で売られている本がここでは三万円で買える。それを知った彼らが、今では定期的に来日し、仕入れに訪れるようになったのは当然である。

平日の昼間、どれだけの同業者がこの店に本を買いに来ているのだろうか(僕も含めて)。そんなふうだから、品揃えの回転がとても早い。とにかく、行けば必ず掘り出しものに出合える、ネット時代の今となっては、貴重な古書店なのだ。余談だが、話しかけてもらいたい客か、放っといてもらいたい客かを、よく見極めて接客をしているということを、何かの記事で読んで、とても感心をした。二十年以上通えるということは、こういった店の心配りがあるからこそである。古書店における客としての振る舞いや作法を、自然と身につけられたのも『源喜堂書店』に通ったおかげと心から感謝している。

『源喜堂書店』で、本を買った後は『山の上ホテル』に行く。ロビーのソファに腰を沈め、買った本を片手にコーヒーを飲みたいからだ。池波正太郎が描いた絵画がさりげなく飾られているので、それをぼんやり眺めるのもいいだろう。とにかく『山の上ホテル』にたどり着くと不思議なくらいに安堵する。静かで、やさしく、建物が大きすぎず小さすぎないのもいい。品の良い東京の文化が今でも残っている、大人が休息に訪れる場所である。

『山の上ホテル』では、洒落た宿泊をおすすめする。五階から、細くて急な階段を昇った先にある、一室のみの屋根裏部屋に泊まりたい。この部屋は「モーツァルトの部屋」と呼ばれ、こだわりのオーディオセットが置かれている。深夜だろうと早朝だろうと、好きな音楽を存分に楽しめる。いわば『山の上ホテル』のペントハウスである。そして、食事は、名店『山の上』の天丼に舌鼓を打つ。「春の天丼」は一年で一番の楽しみである。本を買い、一人の時間を音楽と共に堪能し、うまいものを食う。週末はこんなふうに過ごしたい。

HiLLTOP HOTEL 好きです。マンプーは マンゾク、スピーカーは TANNOY

神田

源喜堂書店《げんきどうしょてん》

天井まである本棚にはびっしりと本や美術書が並べられ、手書きの書名と価格が古本好きの買い物欲をそそる。外階段のお手頃な価格の本も狙い目。◯東京都千代田区神田小川町3-1　☎03･3291･5081　10:30～19:00、祝～18:30　日、祝不定休

御茶の水

山《やま》の上《うえ》ホテル

建物は昭和12年に完成、昭和29年に『山の上ホテル』として開業。多くの文化人が通ったホテルとして有名。「モーツァルトの部屋」は601号室。1階『てんぷらと和食 山の上』の昼の天丼は、￥2,800（税・サービス料別)。◯東京都千代田区神田駿河台1-1　☎03･3293･2311(代)

ANDY WARHOLのレア本。
INDEX BOOKが おいてある。
なんと ¥30.000です。

大切な人と会ったり、
食事をしたり、本を読
んだりしています。

東京で一ば
きるホテル

ぼくはいつも金曜の午前に
行きます。

森に調和した隈研吾建築です。

根津美術館で国宝に触れ、『ブルックス ブラザーズ』でシャツを誂える。

ニューヨークに暮らしていた頃、毎週金曜日の夜は、ニューヨーク近代美術館に行くと決めていた。金曜日の夜は、入館料が無料だったこともあるけれども、週の終わりに、上質なアートにゆっくりと触れるひとときがあると、不思議と気持ちがおだやかになり、そして元気にもなった。毎週その時間に訪れる多くは、スーパーマーケットの袋を手に提げていたり、重そうな書類入れを抱えていたり、そのほとんどが仕事帰りの人々だった。都会に暮らすからこそ、理屈抜きで、心の底から美しいと感じる時間を求めていたのだろう。「忙しさで頭や心がぐるぐるしているから、まっすぐ家に帰りたくないんだ。モネの『睡蓮』の部屋でしばらくぼんやりして、気分を落ち着かせてから帰る。一緒に暮らしている彼女のためにもね」と、そこで知り合った青年は僕に言った。

僕にとって、南青山の根津美術館も、そんな場所である。まさに都会のオアシスと呼んでいいだろう。根津美術館は、「日本・東洋古美術を展示する世界一の美術館をつくる」という目標に向け、初代根津嘉一郎の遺志によって創立された。広大で美しい庭園を備え、光琳の「燕子花図」や「那智瀧図」といった数々の国宝、重要文化財を収蔵し（なんと国宝は7点もある）、年7回の展示を行っている。

庭園を散策し、四季を彩る美しい緑で目を休めたり、カフェで物思いにふけったり、仏像を鑑賞し、その時々のコレクション展をたっぷりと味わったりと、僕はその日の気分で楽しんでいる。一人の時もあれば、大切な人と来る時もある。いるだけで心が洗われ、目が磨かれ、生きるちからさえも湧いてくる、世界に知られた東京の名所中の名所である。

シャツの中では、ブルックスブラザーズのオックスフォード・ポロカラーが一番好きだ。好きだからこそ、自分の身体のサイズにぴったりと合って、好みの仕様を施したものを着たい。青山本店の店長さんに相談すると、パーソナル・オーダーのサービスがあり、大抵の調整が出来ると教えてくれた。早速、採寸をしていただき注文することにした。ネックは指2本が入るサイズで、肩幅は動きやすさを配慮し、少しだけ余裕をもたせた。着丈を3インチ短くし、身幅を3サイズ分詰めてタイトフィットにした。胸ポケットは付けずに、水色でゴールデンフリースの刺繍をいれる。そしてカフスは角落としのツインバレル。背中はトム・ブラウンにならってサイドプリーツでも良かったかもしれないが、基本のアウトボックス、センタープリーツにした。袖の長さも測り、ガントレットボタンはなし。これが僕の選んだパターンである。

オーダーシャツの着心地は、着た人にしかわからないだろう。一度袖を通したら、既製品が着られなくなる。次はクリレック・シャツを注文しようと思っている。

T

ORDER

↖
オーダーシャツの
タグ。なかなかイイ。

表参道

根津美術館《ねづびじゅつかん》

東武鉄道の社長を務めた実業家、初代根津嘉一郎が集めた日本・東洋の古美術品コレクションを、二代嘉一郎がその保存・展示のために1941年に開館した。2009年には、大規模なリニューアルを行った。◯東京都港区南青山6-5-1　☎03·3400·2536　10:00～17:00（入館は16:30まで）　展示替期間、月休（祝日の場合は翌火休）

表参道

ブルックス ブラザーズ 青山本店《あおやまほんてん》

正統派アメリカントラッドを受け継ぐ名門ブランド〈ブルックス ブラザーズ〉の旗艦店は、石造りの重厚感のある店構えと開放感のある空間。店の奥にスーツやシャツのオーダースペースがある。オーダーシャツは￥18,360～。◯東京都港区北青山3-5-6　☎03·3404·4295　11:00～19:30　不定休

NEZU CAFÉ

毎年五月は、国宝燕子花図を観に行く。

八月の楽しみは、
円山応挙の藤花図屏風である。

Brooks Brothers.

Brooks B
MAKER
Est.18
SLIM
PERSONAL

はじめての給料で
ナンバーワンモデルのブレザーを
青山本店で買った。

リンカーン大統領が
就任式で着たジャケットは、
ブルックスブラザーズのものだった。

南麻布『衆楽園』のヘラブナに負けても、『福島屋』のうまいおでんがある。

キース・ヘリングには三度会ったことがある。一度目は青山『ON SUNDAYS』の向かいの建物に壁画をせっせと描いていた時。二度目は六本木のクラブで。三度目は南麻布の釣り堀『衆楽園』で会った。いずれも彼はいつも一人ぼっちだった。壁画を描いている時に声をかけて、サインを頼むと、腕に絵を描いてあげるよ、と言われ、手首から肘まで、サインペンでびっしりと絵を描いてくれた。絵はその日の夜に洗って落としてしまった。今思えば、写真を撮っておけばよかったと後悔している。もう20年以上前のことだ。

『衆楽園』は通好みの釣り堀である。南麻布の住宅街の奥にあるため、ぶらりと通りすがりでやってくる客はなく、皆、釣りに一家言あるような出で立ちの人ばかりが集まってくる。なんと創業から約90年。戦前からあるというから驚かされる。たった25人が竿を下ろせば満員になる大きさの池に、聞くところかなりたくさんのヘラブナがいるという。

『衆楽園』はヘラブナ釣り専門である。ヘラではじまり、ヘラで終わるというくらい、ヘラブナ釣りは奥が深くむつかしい。ここでは底釣りがルールである。撒き餌も禁止。なので、遊び気分でいると、1時間やって1匹も釣れないのは当然で、釣るには真剣さが求められる。

まずは、座布団か椅子かを選ぶ。椅子はビールケース。晴れていれば有料でパラソルを借りる。蚊取り線香は50円。餌はうどんか練りを選ぶのだが、練りがいい。「ここの練り餌を真似したいけれど、どうしても同じのが作れない」と常連の紳士が嘆く。どうも秘伝らしい。

大豆くらいの大きさに練り餌を丸め、針全体を隠すようにつけて池へ落とす。浮竿先を水面につけてアタリを待つ。浮きの頭がゆっくり沈んで、戻ってしまったら餌落ちである。要は食べられてしまったということ。すぐに同じ場所に餌をつけた針を落とす。何度も何度も同じ場所に針を落とすのがヘラブナ釣りの基本である。

池の深さは1メートル半くらい。場所によって深さが違うので、浮きの位置を調整しながら、針を落とし続ける。店の人は「人にもよりますが1時間で20匹くらい釣りますよ」というから、ここの客は皆レベルが高い。もちろん、キャッチアンドリリース。デートには向かない。一人黙々と釣るべし。

『衆楽園』での釣りを楽しんだら、麻布十番商店街の『福島屋』のおでんを食べる。泣いても笑っても、遊んだあとは、おでんでしめれば、つじつまが合う。おでんとはそんな料理であろう。腹が減っていたら「おでん定食」。店主の藤田さんが一人で作る、人気のさつま揚げは自家製だからうまくないわけがない。たけのこ、トマト、にんじん、だいこん、れんこん、といった野菜の具は、いくらでも食べられるおいしさだ。デザートに「ちょこっとあんみつ」を。

トマトのおでん、汁がうまい。

南麻布

衆楽園《しゅうらくえん》

休日は朝8時から釣り好きが集まり、一心不乱に竿を振る。飲み物やインスタントラーメンも数種揃っている。麻布とは思えない不思議な空間。1時間¥600、貸し竿¥200、練り餌¥100、うどん餌¥50※すべて税込み。◯東京都港区南麻布3-9-6　☎03･3473･2529　8:00〜16:00　第2・4水休　雨天、強風の場合は休業。

麻布十番

福島屋《ふくしまや》

大正10年創業のおでん専門店。お昼は、おでんが6品付いた「おでん定食」（¥900）や「焼売定食」（¥920）が人気。おでんもうまいが、出汁の効いた汁も絶品。◯東京都港区麻布十番2-1-1　☎03･3451･6464　11:00〜LO14:00・17:00〜LO22:00、土・日・祝とテイクアウト11:00〜LO22:00　火休

EAT.

看板娘のおばあちゃん。
創業大正十年、
おでん屋の福島屋。
ごはんおかわり自由。

井戸水を使った
池の大きさは
約十メートル四方。
割引券が
もらえる。
貸竿の
針は一本だ。

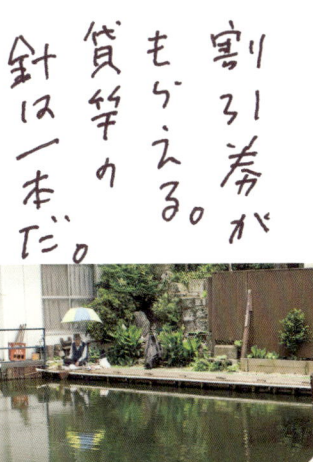

自家製さつまあげは三十種以上。
お盆ごはんにもおやつにも
晩ごはんにも来たい店。

WALK

泉楽園の帰りは暗闇坂
を抜けて麻布十番に出る。
ちょっとした散歩コース。

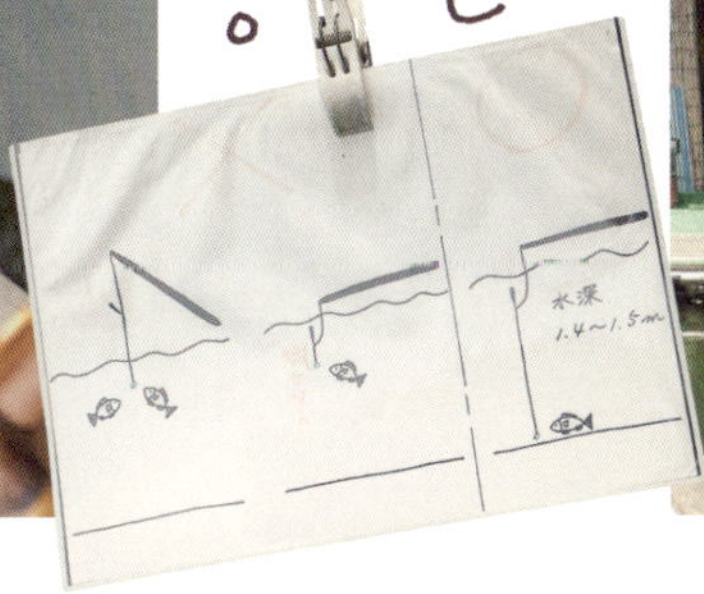

僕の好きなアッパーウエストサイド

my favorites of upper West Side.

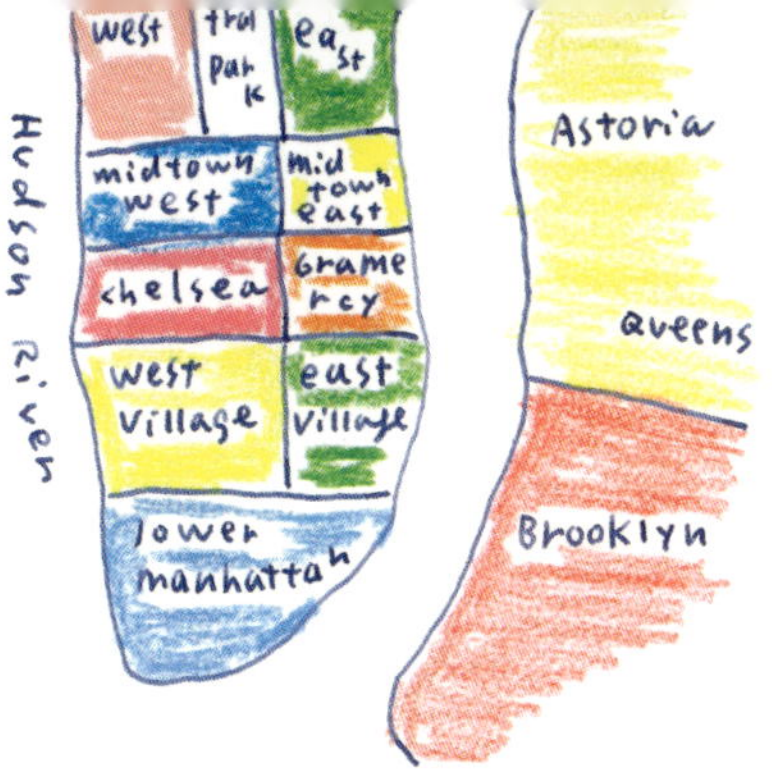

はじめてニューヨークを旅した時、新聞で見つけた短期貸しアパートに申し込んだ。

ニューヨークで暮らすのが昔からの夢だった。

テレビや本で見た、エンパイアステートビル、イエローキャブ、セントラルパーク、コーヒーとドーナツに憧れ、人種のサラダボウルと呼ばれるニューヨークが、一体どんなところなのかこの目で見てみたかった。その空気を胸いっぱいに吸い込んでみたかった。

僕にとって旅とはなんだったのか。それは、観光地を巡ることではなく、旅先である見知らぬ土地で暮らし、そこに暮らす人たちとふれあい、彼らと同じ景色を見ながら一日という時間を過ごすことだった。たった一週間という短い旅であっても、僕は一カ所にとどまり、毎朝同じ店にコーヒーを買いに行き、人と目が合えば、にこやかにあいさつをし、つぶさにその町を観察し、そこに暮らす人たちが何を愛しているのかを知るために、その町のいいところを見つけようと思った。

25年前、はじめてニューヨークを訪れたある日の朝、僕はニューヨークタイムズの生活情報欄に、短期貸しアパートの告知を見つけた。それは「SUMMER SUBLET」といい、夏のホリデイで出かける人が、アパートの部屋をその間だけ他人に貸すシステムだった。アパートは、セントラルパークの西に位置する、アッパーウエストサイドと呼ばれるエリアで、西73丁目のブロードウェイとウエストエンド・アヴェニューの間と書いてあった。よし、と思い立った僕は、載っていた電話番号に連絡し、たどたどしい英語を使って家主と会う約束をとった。家主はジャズピアニストの若い女性だった。

部屋はその日から貸してくれることになった。リビングと小さな台所という間取りで、ベッドはないので、布団を敷いて寝るように言われた。一カ月の家賃は４５０ドル。家主のための留守番電話の管理が条件だった。そうして僕の念願だったニューヨーク暮らしが始まった。

その後、ボーイフレンドの家に同居することになったので、よかったら借り続けてくれないか、と家主から言われ、僕のニューヨーク暮らしは、日本と行き来しながら、結局8カ月にもなった。アパートはハドソン河とセントラルパークの中間にあり、道を挟んだ目の前には、歴史建造物として有名なアンソニア・ホテルがあった。なにより僕は西72丁目駅の趣のある建物が一目で気に入ってしまった。なんと１００年前の建造物で、ペルーの寺院を思わせる佇まいが住民に愛されていた。

駅前広場のヴェルディ・スクエアにはたくさんのベンチが置かれ、春から夏にかけて美しい草花が植えられている。アッパーウエストサイドに暮らして一番嬉しかったのは、町のいたるところにベンチがあることだった。今こうしてニューヨークでの暮らしを振り返ると、ベンチに座っていたことばかりが思い出される。人とおしゃべりしたり、考え事や物思いにふけったり、そよ風に吹かれながら昼寝をしたり、本を読んだりと、僕にとってベンチは、ニューヨークの暮らしの一部でもあった。そうして僕は、アッパーウエストサイドが大好きになった。

朝、グッド・モーニング！　と声をかける人が、一日いちにちと増えていった。

"LIKE NO OTHER MARKET"
WWW.FAIRWAYMARKET.COM
TEL. 595-1888
BROADWAY
OPEN 24hrs
& Used Books
STAPLES
2
Barnes & Noble
ZABARS
ZABARS
Citarella
THE ULTIMATE GOURMET MARKET
LA CARIDAD 78
1
SMOOTHIE

my favorites of upper West Side.

本屋、マーケット、食堂、公園など、僕の好きなモノがアッパーウエストサイドには全部あった。

〝「アイデアはアメリカの資源である」〟と、ケネディ大統領が言ったように、アメリカで最も尊敬されるのはアイデアのある人である。ニューヨークにおいても同様で、奇想天外なアイデアをお金にしようと実行している人に対して、人々はいつも乾杯をしている。

アッパーウエストサイドの目抜き通りといえば、ブロードウェイがある。その路上で「あなたの誕生日のLIFEマガジンを見つけませんか?」という手描きの看板を置いて、山と積んだ古いLIFEマガジンを売る古書店があった。置いてあるだけなら、ただの汚い古雑誌だけれど、自分の誕生日に売られたもの、と言われれば、宝ものに思えてくるから不思議なものだ。そうか、大切なのはアイデアであり工夫、そして、人を喜ばせることなんだ、と僕はひらめいた。アッパーウエストサイドは所々に住民のアイデアが溢れている。たとえば、土日に空いている学校の校庭で、フリーマーケットを開き、その使用料を学校へ還元し、校庭のワイヤーフェンスや窓を直している。76丁目コロンバス・アヴェニューのフリーマーケットがそうだ。9000以上あるセントラルパークのベンチも、2000ものメッセージが書かれた銘板が付いているが、銘板の寄付金は7500ドル。手製の木製ベンチの寄付は25000ドルで、公園内の好きなところにベンチを置くことができる。なんてすてきなアイデアだろう。

さて、アッパーウエストサイドのブロードウェイには、生活に欠かせない店が軒を連ねている。ユニークで、こだわりの店ばかりだから、毎日通ってもひとつも飽きない。西72丁目駅のすぐ横にある『GRAY'S PAPAYA』は、ニューヨークで一番人気のホットドッグ屋だ。ジュースとセットで4・50ドルと安い。そこから北へ歩くと、新鮮な食材を売る庶民的なスーパーマーケット『FAIRWAY』がある。こだわり食材なら『ZABARS』がおすすめ。暮らしていた頃、毎日のように夕飯を食べたのは、チャイニーズ&キューバ料理の『LA CARIDAD78』。何を頼んでもハズレがない食堂だ。建物と建物の隙間にちょこんと佇む、古本とレコードを売る古書店『WESTSIDER BOOKS』は、2階の希少本コーナーを物色するのが楽しみ。新刊であれば、広くゆったりとした『BARNES & NOBLE』が便利で、店内のコーヒーショップが嬉しい。76丁目のイタリア系グルメ食材店『CITARELLA』は、元々はこだわりの魚屋で、ユニークなウインドーディスプレイが道行く人の目を楽しませていた。とにかく「ん?」と思わせる、個性的な店がこのあたりには多いのである。ぶらぶらと歩くだけの散歩が楽しくて楽しくて仕方がない。ハドソン河へ向かえば、リバーサイドパークがあり、眺めの良いベンチのある散歩道が続いているし、ジョン・レノンが暮らしていた、ニューヨークで最も古い高級アパート「ダコタ・アパート」を横目に歩いて、「セントラルパーク」に行けば、芝生の美しい「ストロベリーフィールズ」で寝転んで読書もできる。

アッパーウエストサイドは、豊かな生活と美しい文化が、住民のアイデアと工夫で育まれている町なのだ。

The New York Times

Amsterdam Av

THE LUCERNE
201

OUR PLANT

CAVIAR
STURGEON

4

good enough to eat

3

Sarabeth's

5

NICE MATIN

7

Cafe Lalo
Cappuccino
Espresso
Exquisite Desserts
By H. LALO

6

my favorites of upper West Side.

BREAKFAST & BRUNCH

1 LA CARIDAD 78

その名のとおりブロードウェイ78丁目の角にある。焼きめしとメインのセットは9.80〜14.00ドル。おすすめのエビ入りもやし炒めは14.10ドル。テイクアウト可。
○2199 Broadway, New York ☎212・874・2780

2 GRAY'S PAPAYA

マンハッタンにいくつか支店があり、ブロードウェイ71丁目の角は本店になる。気軽に空腹を満たせる店として知っておきたい。ランチタイムには行列ができる。
○2090 Broadway, New York ☎212・799・0243

3 GOOD ENOUGH TO EAT

現在は、アムステルダム83丁目からコロンバス85に移転。スタッフはフレンドリーで、ふわふわのパンケーキはクセになる。ブランチにもおすすめ。
○520 Columbus Ave., New York ☎212・496・0163

朝8時にアムステルダム・アヴェニューを歩こう。とびきりの朝食を食べるために。

ニューヨークを訪れたら、ぜひ朝食を楽しんでもらいたい。アッパーウエストサイドのアムステルダム・アヴェニューでの、とびきりおいしい朝食を、おすすめする。旅においては、おいしい夕食が食べられる店を知っているより、おいしい朝食が食べられる店をいくつも知っているほうがいい。朝食がおいしければ、その一日がしあわせになるからだ。だからこそ旅先では朝食にこだわりたい。行きつけの店を紹介しよう。

79丁目の『NICE MATIN』は、南仏スタイルの人気レストラン。ホームメイドグラノーラが絶品である。朝食なら予約もいらないし、行列に並ぶこともない。

エッグベネディクトで知られる『SARABETH'S WEST』は、朝食に外せない店だ。新鮮な野菜がたっぷり使われたガーデンオムレツと、オレンジ、パイナップル、バナナ、ざくろの4つのフルーツをブレンドしたフォーフラワージュースをいつも注文する。

開店時間の朝8時に駆けつけたい『GOOD ENOUGH TO EAT』。9時には行列ができる店だ。もちろん並んでも後悔はしない、朝食にこだわったシンプルなアメリカ料理レストランだ。定番のアップルパンケーキは一度食べたら忘れられない味わい。

このあたりのアムステルダム・アヴェニューは、アッパーウエストサイドの歴史保存地域になっていて、屋根やビルの装飾が独特のたくさんのダッチ建築を見ることができる。そして洋服の仕立て屋も多い。

アッパーウエストサイドで一番の朝食と聞かれたら、僕は『BARNEY GREENGRASS』と答える。創業1908年の老舗のスモークフィッシュ専門店だ。古き良きニューヨークの雰囲気が楽しめる店である。ニューヨークを訪れたら、まずはこの店で食事をするのが、いつしか習慣になった。ここでは朝8時30分から朝食が食べられる。毎回楽しみにしているのは、スモークサーモンとオニオンのスクランブルエッグである。添えられるベーグルは、これまた名店『H&H』のベーグルである。クリームチーズをたっぷり塗って頬張りたい。搾りたてのオレンジジュースも実においしい。

アムステルダム・アヴェニューには、夜中の2時までオープンしているカフェ『CAFE LALO』もある。夜遅くコーヒーが飲みたくなったら、ぶらりと行けるカフェを知っているのも旅には役に立つだろう。

暮らし始めた頃のはじめの2カ月、僕はマンハッタンを北から南、西から東と、道という道のほとんどを歩いた。そんな旅が僕を作り、そこでの暮らしが、今の僕を育てたと言ってもいいだろう。25年経った今でも、こうして変わらずに在り続けている店や、すてきな場所が残っているのも、ニューヨークが好きな理由である。

4 BARNEY GREENGRASS

アムステルダム86丁目。100年以上も続いているスモークフィッシュ専門レストラン。銀ダラと有名なチョウザメのスモークは絶品で、41.50ドルと値段はするがその価値はある。○541 Amsterdam Ave., New York ☎212・724・4707

5 SARABETH'S WEST

NYの朝食を代表する店。アムステルダム・アベニュー80丁目と81丁目の間にある。エッグベネディクトは、スモークサーモンかカナディアンベーコンかを選べて17.50ドル。○423 Amsterdam Ave., New York ☎212・496・6280

6 CAFE LALO

金・土・祝日は深夜4時までオープン。朝も8時からアイリッシュやスイス、パリジャンやダッチなどさまざまな国の朝食が食べられる。映画『ユー・ガット・メール』の舞台にも。○201 West 83rd St., New York ☎212・496・6031

7 NICE MATIN

アムステルダム79丁目の角。テラス席が並び明るい雰囲気。朝7時からコンチネンタルブレックファストを食べることができる。ボリューム満点なハンバーガーもおいしい。○201 West 79th St., New York ☎212・873・6423

ローライ、ライカ、ニコン、アルパ、フォクトレンダーなど。

60周年記念のオリジナルピンバッジ。

クラシックカメラと江戸前寿司。浅草の楽しみといえば、このふたつ。

ライカM3ブラックペイントは、1320台のみ生産された稀少なカメラである。通常のM3（シルバー）であれば、騒ぐことはないが、ブラックペイントとなると、お金があってもすぐに買える代物ではない。世界中を探さなくてはいけないのだが、見つけたとしても程度がよいものは恐ろしく高い。100万円は軽く下らないだろう。高価である。しかもライカ本社でさえ真贋が判別できない偽物も出廻っている。そんなレアなカメラが手元にやってきた。ライカコレクターであるアメリカの知人が離婚をして、再婚をして、子どもが出来て、お金が必要になり、コレクションを手放し始めた。その一台である。6000ドルをすぐに送金してくれれば、という申し出に小躍りしてお金を送った。後先を考えていなかったり、高価な買い物であっても、今回は人助けという言い訳ができる。

友人の紹介で行くようになった、浅草のクラシックカメラ専門店『早田カメラ店』は、カメラ好きなら知らない人はいない有名店。この道40年の早田清さんが店主である。客は皆、早田さんに会いたくて来店する。店は早田さん一人なので先客がいたら静かに待つのがルール。

ライカM3ブラックペイントを診断してもらいたくて早田さんに見せた。開口一番、「お、すごい。こんなのまだあるんだなあ」と言って、いきなりドライバーで中を開け始めた。「まさかの本物だよ。誰が直したか見てみよう。あ、これ、誰も直してないよ。おー、すごいなあ」。オーバーホールをお願いすると、「うん、いいですよ。大丈夫、これはばっちり直るよ」と、修理が必要なパーツや、コンディションを親切に説明してくれた。「3カ月ね」。早田さんは最初から最後まで満面の笑顔だった。ほんとうにカメラが好きな人だとわかる。だから、早田さんの言うことはなんでも信用できる。

『早田カメラ店』は、クラシックカメラの宝庫である。そして全て早田さんがしっかり整備しているから安心である。早田さんはクラシックカメラの百科事典みたいな人だ。年に二度、ヨーロッパに仕入れに出かけている。

浅草に出かけたら、『三松寿司』の暖簾をくぐりたい。行くと決めたら、寿司の酸味を思い出し、ほっぺたの裏がきゅっとなる。腹が鳴る。ご主人の笑顔が思い浮かぶ。名物は、あなご、こはだ、ばってらの三品。あなごは塩もおすすめ。一口食せば「親に食べさせたい……」と言葉が洩れる旨さである。どんなことも帳消しにできる味というか。三品いただいてからは、おまかせでどんどん握ってもらうべし。

クラシックカメラと寿司。大好きなふたつがたっぷりと楽しめる浅草である。

クラシックカメラ好きは、日本に6500人いるという。ボクもその1人。

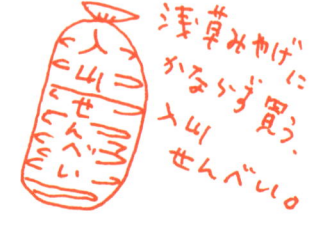

浅草みやげにかならず買う、入山せんべい。

浅草

早田《はやた》カメラ店《てん》

創業63年、クラシックカメラの販売と修理を行う。店主の早田さんは、国内外のカメラを4500種類以上修理し、豊かな経験と深い知識にはたくさんのクラシックカメラファンが信頼を寄せる。年２回は海外にも買い付けに行く。〇東京都台東区浅草2-1-3　☎03･3841･5824　11:30～20:00　木休

浅草

江戸前《えどまえ》　三松《みまつ》

江戸前だけでなく、ばってらなどの大阪寿司も提供。光りものとあなごが自慢。2014年春から、先代の娘さんが２代目店主に。注ぎ足しながら使っている酢もまろやか。〇東京都台東区浅草1-6-5　☎03･3841･5717　17:00～22:00、土・日・祝12:00～15:00・17:00～21:00　水（祝日は営業）、不定休

2代目の早田清さん。23歳でこの道に入った。

今や名人級の名人。

クラシックカメラ修理

先人の手仕事は、自分への挑戦だという。

クラシックカメラとは、1960年以前に作られた機械式カメラのこと。手入れをすれば一生使える。

ボクのM3ブラック。ペイントがはがれて、真ちゅう地が見えている。マニアには、たまらない味である。

3カ月後が楽しみ。

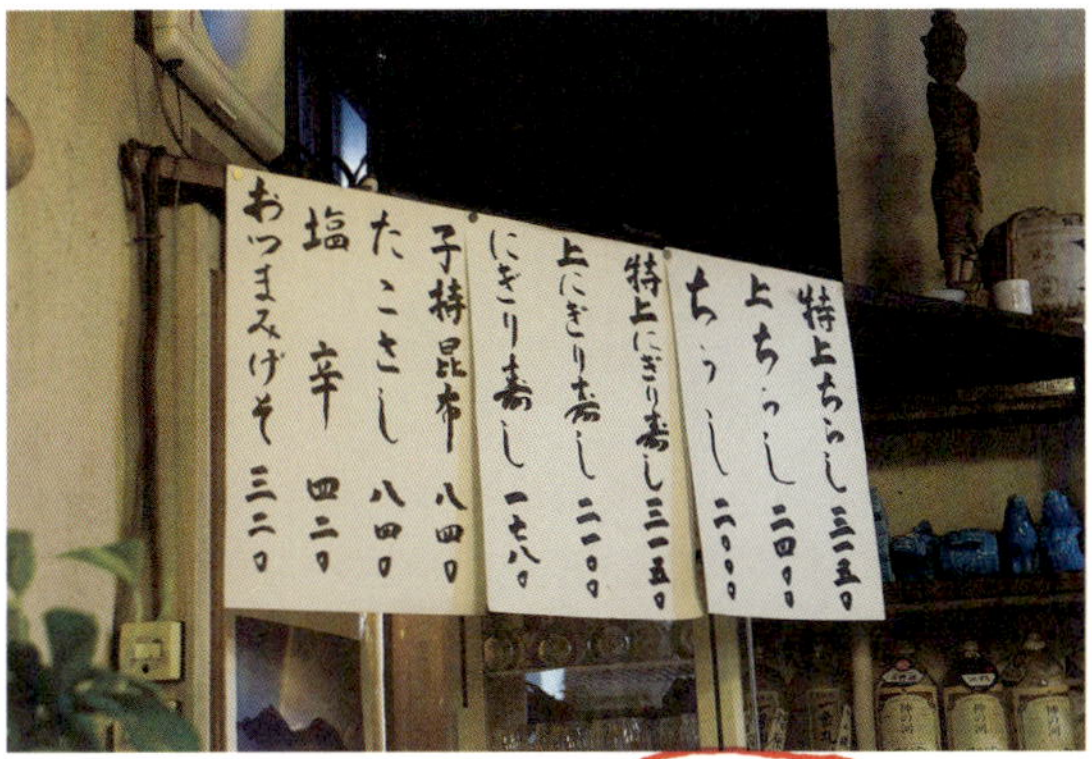

江戸前寿司と大阪寿司が専門。

昔、大阪の川を走るボートを、バッテラと呼んでいて、それと形が似ていることから名前がついた。

あと、娘さんとおかあさん。

家族3人で切り盛りする家庭的な店。

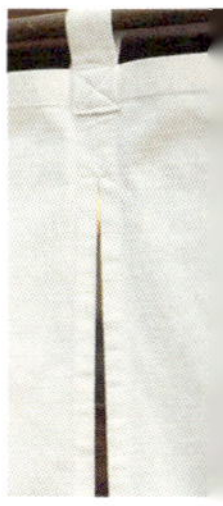

ふっくら

江戸前の真骨頂あなご。

ツメとシオ。どちらもうまいなんてもんでない。

塩と酢の〆具合が絶妙なこはだ。

小さいのは、こはだの稚魚のシンコ。夏のごちそう。

毎日行きたいパン屋です。

BUNDESREPUBLIK DEUTSCHLAND

『カーベー・ケージ』でおやつを買ってから、ルーシー・リーを選びにいく。

車とカメラはドイツ製を愛用している。ドイツ人が作るものは、実直で無骨であるけれど、人の手のあたたかさとやさしさにあふれている。おのずと長く使うようになり友だちみたいになる。一生使うものを望むなら、ドイツ製品を選びたい。とにかく真面目である。

『カーベー・ケージ』は昔からずっと好きなパン屋である。ドイツパンとドイツ菓子の老舗として知られている。パンはフランスとよく言うけれど、まずは一度、ドイツパンを食べてもらいたい。実にうまい。ドイツがパンの国といわれていることが、なるほどと思うだろう。皮の食感と味が絶妙なうまさで、もちろん中身もふっくらやわらかい。そして香りがいい。ライ麦を使った黒パン、小麦を使った白パン、どちらもドイツで食べるのと同じ本物の味わいが『カーベー・ケージ』では楽しめる。ドイツの粗塩を使ったブレッツェルもある。豊富に並んでいるドイツ菓子の中では、アーモンドと砂糖の飴（マジパン）とパイ生地を層にして焼いた、マジパン・ツイストが昔からの大好物。しかしつい先日、スパイスを使ったチョコレートクッキー、マナハイマードレックがそれを抜き、おやつと手土産の定番になっている。マナハイマードレックを初めて食べたとき、あまりのおいしさに目が真ん丸になった。

一日五食といわれるドイツ。コーヒーと一緒に味わう焼き菓子の種類は多く、おやつ好きにはたまらない。店主はドイツのベーカリーで5年間修業し、1972年から伝統の味を守り続けている。クリスマスには人気のシュトレンが並ぶ。

赤坂あたりでは、通好みの喫茶店『コーヒアアラビカ赤坂』で、逸品のコーヒーをいただくのが休日の楽しみである。が、その後には、ホテルニューオータニ内の現代工芸ギャラリー『水戸忠交易』へ向かう。イギリスの陶芸家、ルーシー・リーを扱っていることでも有名で、店を訪れるたびに、作品をずらりと並べてもらい、これが欲しいあれが欲しいと言いながら触らせてもらっている。ここ最近ルーシー・リーの作品は世界的に値段が上がっているけれど、『水戸忠交易』は、ぐっと我慢して良心的な値段を守っている。それはきっと、社長の林さんの人柄であろうと勝手に思っている。ひびが入りやすいルーシー・リーなので直しのある修復品もある。それらは買いやすい値段なので普段使いにおすすめする。

ハンス・コパーはありますか、と聞くと、林さんはずらりと並べてくれた。さすがである。美術館に置かれるべきものが、どうぞ、と手渡されるから息が止まりそうになる。ネット時代の今、クリックひとつで買い物をするのではなく、こうして一対一の対面で、よく考え、よく悩み、信用して、この人から買うという、正しい買い物の姿がここにある。ハンス・コパーの小さな花瓶125万円。さてどうする。

The New Otani

HANS COPER.

赤坂

カーベー・ケージ

オーナーの齊藤敬二さんがドイツでの修業を経て、1972年に白金で開店。その後1997年に赤坂に移転した。地下鉄千代田線・赤坂駅からすぐ、ビルが立ち並ぶ大通りから少し入ったところに佇む。◯東京都港区赤坂6-3-12　☎03·3582·6312　7:00〜19:00、土・祝〜15:00　日休

紀尾井町

水戸《みと》忠交易《ちゅうこうえき》

近代以降の日本、欧米の陶芸や漆芸、木工工芸、茶道具などを取り扱い、英国の陶芸家、ルーシー・リーをいち早く日本に紹介。ホテルニューオータニのアーケードに店を構える。◯東京都千代田区紀尾井町4-1 ホテルニューオータニロビー階　☎03·3239·0845　11:00〜19:00　無休

K = KONDITOREI 菓子店
・
B = BACKEREI パン屋

KEIJI 齊藤敬二《さいとうけいじ》さん

ドイツでは苗字を店名に使うらしいが、あえて名を使ったとのこと。

パンとお菓子は、合わせると60種類以上。

チーズロール、ハムロール、カレーパンもある。

これが MANNHEIMER DRECK マナハイマードレック。ドイツのマンハイムで生まれた200年の歴史ある銘菓。

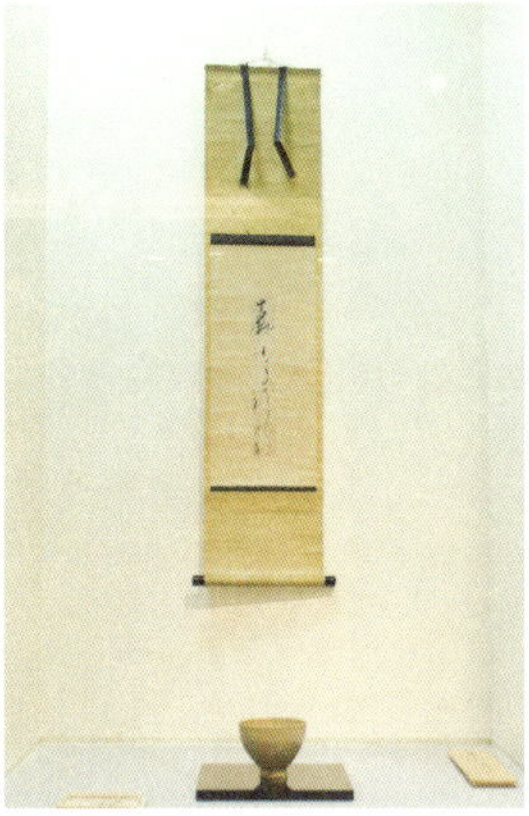

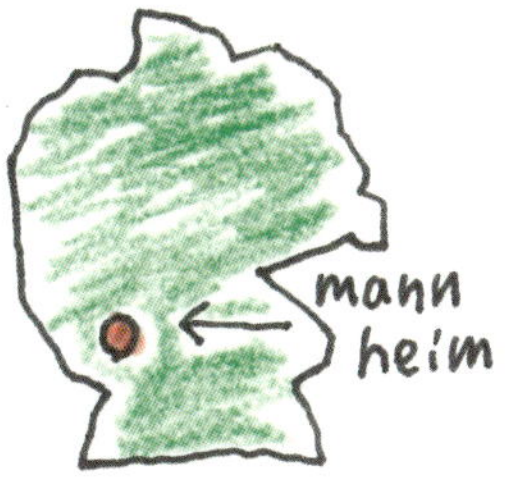

紋章

400年余りの歴史ある1万坪の日本庭園を見下ろすニューオータニのガーデンラウンジの目の前に水戸忠交易、THE PETIT GALLERYがある。

小さな美術館

LUCIE RIEのミルクピッチャーが、ころんとしてかわいい。

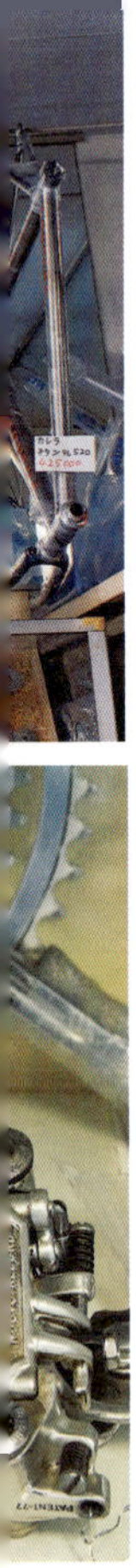

SHiMiZU CYCLE

NiSSAN BLUE BIRD

新しいもの好きの父が教えてくれた、『ニコラス』と『シミズサイクル』。

8歳の時、初めてピザを食べた。あまりのおいしさにショックを受けた。2日ほど、言葉を発することが出来なかった。チーズを食べたのも、おそらくこの時が初めてだったと思う。家族揃って、飯倉のピザ&イタリア料理の『ニコラス』へ、父の愛車の日産ブルーバードで出かけた記憶を鮮明に憶えている。ある日突然、「ピザを食べに行こう」と父が言い、「ピザって何?」、「イタリア料理だ」。「イタリア料理って何?」、「チーズを使った料理だ」という両親の会話が耳に残っている。

『ニコラス』の店内は薄暗く、金髪の外国人がたくさんいて、まるでテレビで観る外国を訪れたような気持ちになって僕はのぼせ上がった。ピザを2枚とスパゲッティ2皿、そして普段飲ませてもらえなかったコーラを味わった。ピザは気絶するほどにおいしかった。最後に残った一片のピザは父が食べた。

それから年に二、三度、家族で『ニコラス』に行った。わが家のハレの日といえば『ニコラス』で、『ニコラス』に行ける時は、父の羽振りのよい時だと、次第にわかった。その後、ピザ屋が地元の町に出来て、食べに行ったが、ひとつもおいしいとは思えなかった。僕にとってのピザは、『ニコラス』のピザが絶対だったからだ。

1954年創業の老舗『ニコラス』。日本で最初にピザを売り出し、芸能人やスポーツ選手、文化人の通ったイタリアンレストランとして知られ、当時、皇太子が美智子様とデートに使ったことも有名になった。

1番から50番までの種類があるピザは、自由にアレンジが出来、ナチュラルゴーダチーズをたっぷりと使ったピザのおいしさは今でも健在である。隠れた人気のラザニアもおすすめする。

『ニコラス』の行きか帰りか忘れてしまったが、車で走りながら、「ここが東京で一番の自転車屋だ」と父が教えてくれたのが、芝大門にある『シミズサイクル』である。父はこの店でランドナーを買い、一時期、ツーリングに凝っていた。1951年創業の『シミズサイクル』は、プジョーやレニアーノといった海外ブランドの輸入の先駆けで、東京オリンピックの後から、イタリアのチネリを扱い始め、かの力道山も『シミズサイクル』の顧客の一人だった。

クロモリフレームにこだわり、ビンテージパーツを求めて、世界中から自転車好きが集まる老舗サイクルショップの『シミズサイクル』。たった6坪の店内には、フレームやホイール、'70〜'80年代のカンパニョーロのパーツや、ネジやワッシャ、工具、古いカタログ、サドルなどが所狭しと置かれ、自転車好きにとって宝の山である。

30年前に買った、父のランドナーはほこりをかぶっているが、実家のガレージに今でも置かれている。磨き上げてから、『シミズサイクル』でオーバーホールしてもらおうと思っている。

NiCoLAS

昔のニコラス外観

芝大門

シミズサイクル

オフィス街の高層ビルに囲まれた中に、昔ながらの店構えで佇む自転車&部品の販売店。全国の自転車好きを優しく出迎えつつ、近くの会社に勤める人たちのパンク修理にも気さくに対応してくれる。○東京都港区芝大門2-8-11 ☎03·3432·6025 9:30〜18:00、土・日・祝〜17:00 水・木休

六本木

ニコラス

ピザやパスタなどのイタリア料理を中心に本格的なステーキもあるピザハウス。レトロな雰囲気の中でごちそうを目の前にすると、かしこまった気持ちに。ピザ（レギュラーサイズ／23㎝）¥1,650〜。他にスモールとラージサイズも。○東京都港区麻布台1-4-3 エグゼクティブタワー麻布台2F ☎03·3568·2501 11:30〜23:00 無休

cinelli DE ROSA COLNAGO GIOS

一見、普通の自転車屋。

知る人ぞ知るプロショップ。

ビジネス街にひっそりと。

CAMPANOLO etc

ビンテージパーツがぎっしりと並ぶガラスケース。

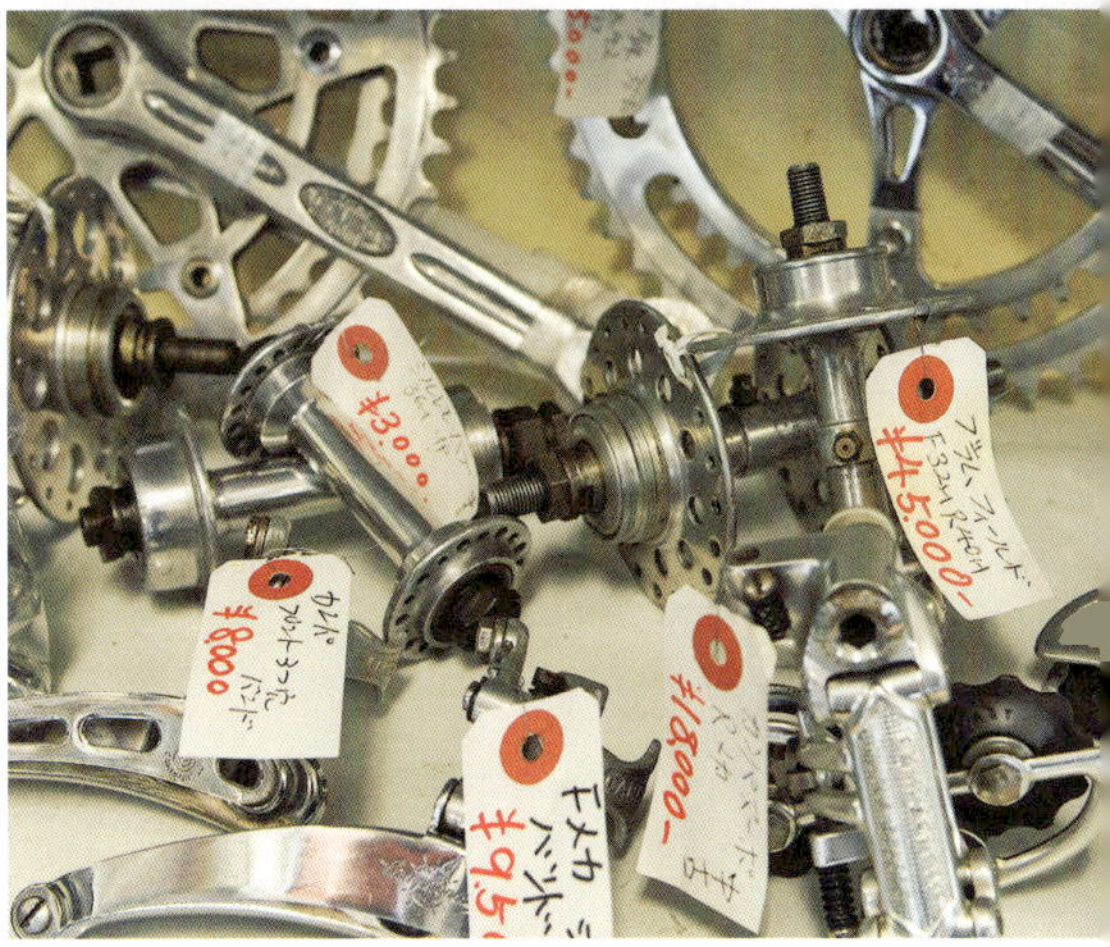

ROAD RACER

NICOLA'S PIZZA HOUSE

戦後まもない頃、
東京でいちばんおしゃれな人たちが
集まった店といえば、
ニコラスだった。

日本ではじめてタバスコを置いたのもニコラスだった。

ナチュラルゴーダチーズをたっぷりと使ったピザ。
お気に入りは、アンチョビ、タマネギ、ピーマン。

ビルを建て替え、
新しくなりました。

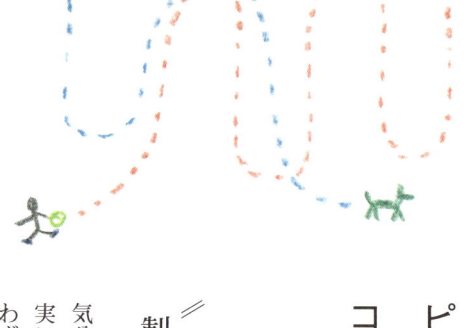

セントラルキッチンの看板，映画館の売店。

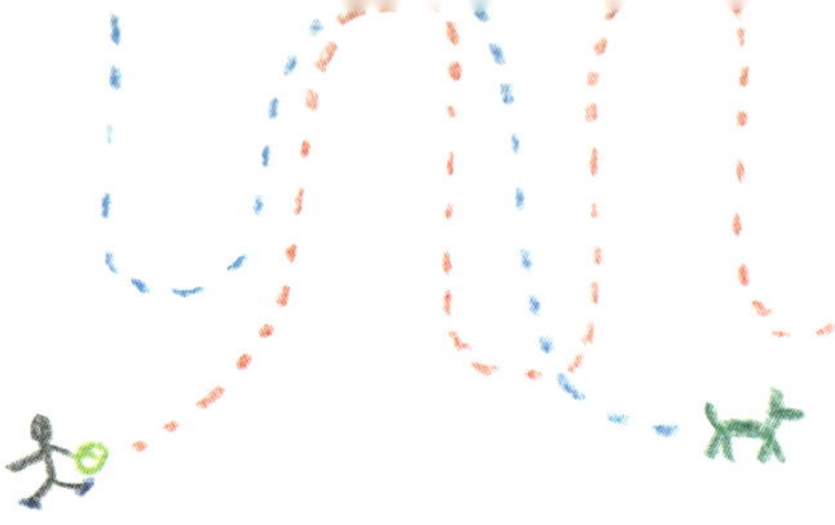

ピロシキ買ったり、二本立て映画を観たり、コーヒー飲んだりの三軒茶屋。

製造直売という言葉に弱い。出来立てを買うことができるからだ。そんなふうに、ちょっと嬉しい気分が味わえるピロシキがある。しかも、実にうまい。うまさを言いたくて、思わず周りを見回してしまうほどである。

世田谷区弦巻にある『渋谷ロゴスキーセントラルキッチン』は店ではなく製造所である。看板は小さく、場所がわかりづらいが、それがまた秘密めいていて、あの人この人の行きつけになっている。皆、電話予約してから買いに行く。

『渋谷ロゴスキー』は、ロシア料理の老舗である。戦後間もなく、軍人上がりの主人とその妻によって、渋谷ののんべい横丁の小さな店から始まった。戦地で知ったロシア料理を、主人の言葉だけを頼りに、妻が苦労して再現に挑んだ。夫婦ともに客商売などしたことがなかったが、戦後の混乱の中、生活を立てるために、やってみようと決意したという。しかし、もみ手のひとつもできない不器用さで、眉間にしわを寄せ、直立不動で客を待つ主人。料理がいくらうまかろうと、商売につながらない日が続いた。そんなある日、いつものように店へ行くと人の行列ができていた。店のことが新聞記事に書かれていたことを人に知らされ驚いた。その日を境に『渋谷ロゴスキー』は、今で言う行列ができる店となった。その後、移転し、東急プラザ内で、創業64年まで続いた。僕の定番はディナーコースの「ウクライナ」。

ふた月に一度くらい、二本立てで映画を観たい気持ちになる。少し前にはどの街にも名画座がひとつかふたつはあり、ふらっと二本立ての映画を楽しむことができた。その頃は、街のあちらこちらに映画のポスターが貼られ、映画は、人々の暮らしに欠かせない存在であった。しかし今は、そんな名画座がめっきり減って、寂しくなった。デートの定番も映画だった。

今、二本立てで映画を観たくなったら、『三軒茶屋シネマ』に行く。三軒茶屋という街は、少し前のニューヨークのように、小さな個人商店がたくさん残っていて、それが独特の活気になって街のにおいを作っている。

『三軒茶屋シネマ』は、商店街にある昔ながらの名画座で、すぐ隣にもカッパの看板で親しまれている『三軒茶屋中央劇場』という名画座がある。名画座の映画館が二軒も並ぶ街はなかなか珍しいのではなかろうか。

昭和30年に創業した『三軒茶屋シネマ』。邦画洋画問わず、常に絶妙な二本立てがセレクトされ、小さいながらも古き良き映画館の雰囲気がしっかりと残っている。上映中の映画を常にチェックして出かけたい。映画を観た後は、コーヒーがうまい喫茶店『SEVEN』へ行って、一息ついてぼんやりする。カランコロンと鳴るドアの音が心地良い。

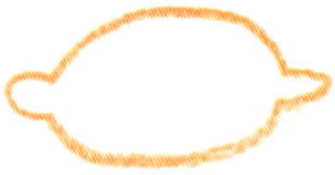

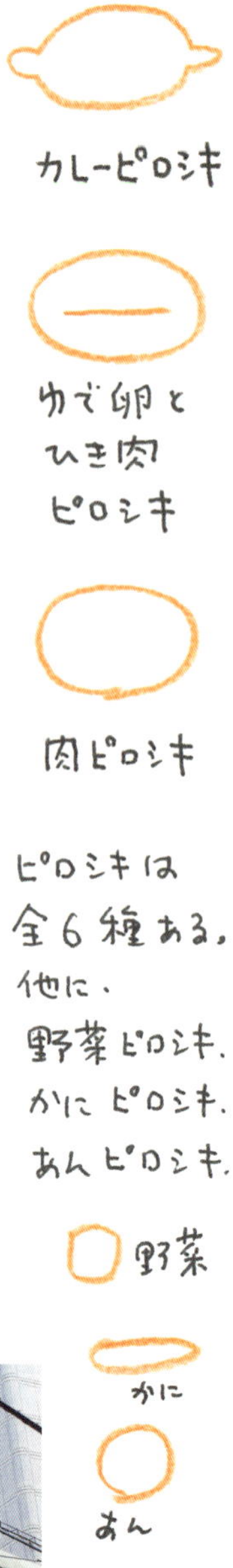

カレーピロシキ

ゆで卵とひき肉ピロシキ

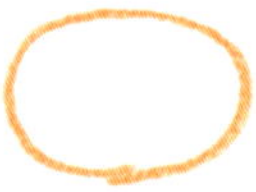

肉ピロシキ

ピロシキは全6種ある。他に、野菜ピロシキ、かにピロシキ、あんピロシキ。

野菜

かに

あん

SANGEN JAYA CINEMA

борщ

ボルシチはボールシュチュというウクライナ料理です。

弦巻

渋谷《しぶや》ロゴスキー
セントラルキッチン

ピロシキは、肉、野菜、カレー、かに、あん、玉子（ゆで卵とひき肉）があり、1個240円。他に、つぼ焼ききのこ（¥650）、シベリア風ペリメニー（¥650）なども販売している。ピロシキはオーダーしてから約20分かかる。〇東京都世田谷区弦巻5-14-25　☎03·3428·0152　10:30〜15:30（電話での予約は9:00〜14:30）　日・祝・隔週木休

三軒茶屋

三軒茶屋《さんげんぢゃや》シネマ

2014年7月に閉館。

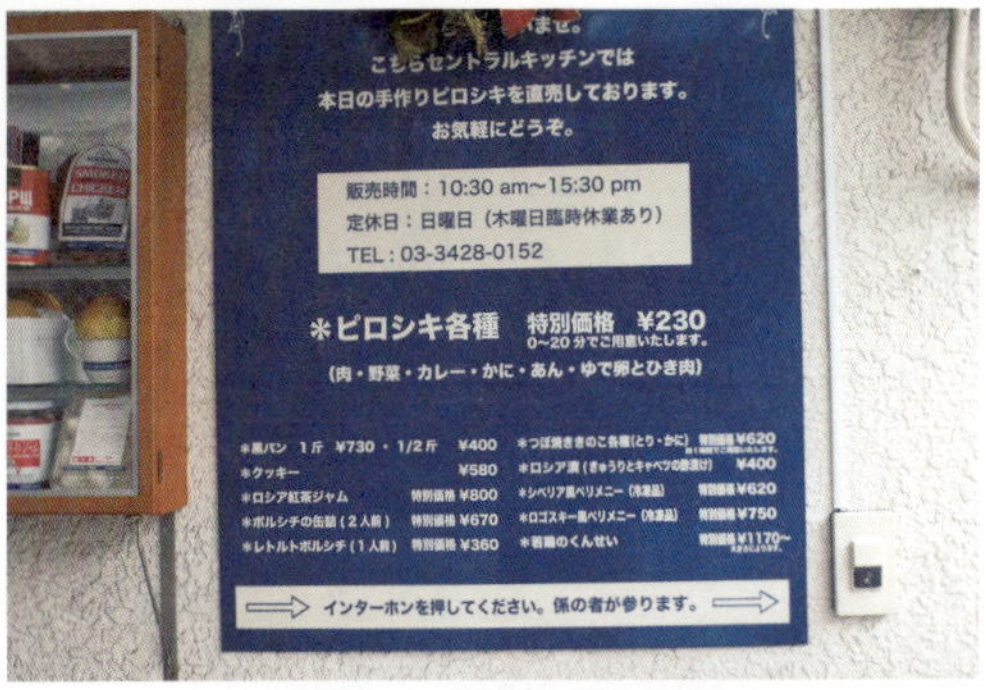

ROGOVSKI

Россия

ピロシキはカタチで
種類がわかるように
なっています。

昭和26年に創業し、ピロシキがまずまずの
おいしさになるまで
8年もかかったという。
ホームメイドの
ロシア紅茶ジャムも
（イチゴとザクロ）
おためしあれ。

ピロシキはひとつひとつ
とてもていねいに作られています。
2種類あるボルシチも
おすすめ。

上から
カレーピロシキ、
肉ピロシキ、
ゆで卵と
ひき肉
ピロシキ、
おいしそうです。

一般1300円、学生1100円
金曜日はレディースデイ800円

コチラは三軒茶屋中央劇場です。

三軒茶屋シネマの入口。

座席数 155
音響 DS

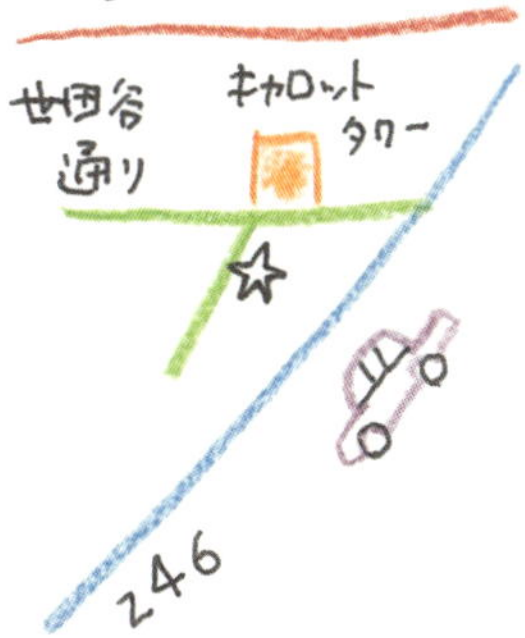

コーヒー、カレー、ジュースと真空管。風の子になって歩く一日。

読み書きに疲れると散歩に出る。散歩するところはいろいろとある。何度散歩しても飽きないところは、本郷三丁目の駅から本郷通りを東大赤門前のほうへ歩いていくその近辺だ。人の数が多くも少なくもなく、不思議と静かないい気持ちになる。

好きなカフェを聞かれると答えに窮するが、喫茶店ならば、いくつも思いつくから面白い。

たとえば、『こゝろ』という店がある。この店の2階は、大きな窓から陽が射していて、広々としたとてもいい雰囲気に満ちている。カレーとコーヒーを頼んで、ソファに座ってぼんやりと道ゆく人を眺めていると、嫌なことも忘れてしまう。『新宿中村屋』が商売を始めた場所としても知られている。

『万定フルーツパーラー』は、大正3年から続く、カレーライスとハヤシライス、フレッシュジュースで有名な店だ。床のタイルや壁、丸くなったカウンターなど、ほとんどがオープン当時のままというから驚かされる。関東大震災や空襲からも逃れた貴重な建築物だ。古いアメリカ製のレジスターは飾りではなく、今でも現役だ。この店ではいつもオレンジジュースを注文する。手搾りだから実にうまい。そして元気になる。だから2杯飲む。

このあたりには、駅近くの『麦』、『ルオー』や『リオ』、『ボンナ』というように、好きな喫茶店がいくつもある。時間があるなら、はしごをしてもよし。もしくはその日の気分で店を選び、コーヒーと一緒に、その店ならではの軽食をいただくのがいいだろう。古本屋の軒先で前から読みたかった本でも見つけて、ふらっと入って、読書にふけり、時間が過ぎるのを忘れるのも時には栄養になる。あたたかい格好をして、マフラーを首に巻き、手袋をして、ぶらぶらと歩きまわって、道に迷ってみるのも愉快だろう。独りで気ままに歩けばなおさら楽しい。

本郷から秋葉原まで散歩するのは苦でもない。きょろきょろしながらそぞろ歩けばすぐに着く。秋葉原で立ち寄るのは「東京ラジオデパート」の2階にある『キョードー真空管店』だ。愛用している真空管アンプのラジオがある。ドイツの古いもので、デッキをつないで、アンプとスピーカー代わりに使っている。なかなかいい音がする。

そういうわけで最近、真空管に興味が湧いて、その世界を少しかじろうとしている。『キョードー真空管店』には、国内外のオリジナル真空管が揃っている。ウエスタン・エレクトリック社やＲＣＡ、ＧＡの美しい真空管をガラスケースの外からじっと見ているだけでわくわくする。真空管アンプの音は味があってやわらかいとよくいうけれど、それは劣化した真空管によるものの話で、質の高い真空管アンプが生み出す音は、とにかく透明感に溢れた生音に近い音だという。そんなことを聞くと、なおさら真空管アンプが欲しくなって通いつめている。今日も。

TOKYO
RADIO
DEPART
MENT
STORE

FRUIT
PARLOR

MANSADA
SINCE
1914

本郷

こゝろ

昭和モダンな店内。左ページ上写真のカレーライス（目玉焼き付き）は600円。コーヒーは350円、午前中なら300円。◯東京都文京区本郷6-18-11　☎03-3812-6791　9:00〜19:00、土10:00〜17:00　日・祝休

本郷

万定《まんさだ》フルーツパーラー

松浦さんお薦めのオレンジジュース（¥350）は、注文が入ってからオレンジを手搾り。珈琲は300円。カレーライスは750円。価格はすべて税込み。◯東京都文京区本郷6-17-1　☎03-3812-2591　11:00〜15:00　不定休

秋葉原

キョードー真空管店《しんくうかんてん》

ラジオデパートに店を構える、創業65年の老舗。◯東京都千代田区外神田1-10-11 東京ラジオデパート2F　☎03-3257-0434　10:00〜18:00、土11:00〜17:00、月・日12:00〜16:00　日・祝不定休

2階スペースは貸切もできるので、
何かの集まりに使いたいといつも思っている。

こゝろ

店名は夏目漱石の小説が
由来らしい。三四郎池も
すぐ近く。

本郷東大正門前

元々は果物店だった万定。

営業時間は
11時から15時。
ガラスの
レモン搾り器で
作る

天然オレンヂジュース、ハヤシライスもうまい。
本郷から秋葉原までは歩いて20分くらい。

昭和9年から使われている
アメリカ・ナショナル社製の
レジスターである。

Western Electric
SOUND SYSTEM

なんと
WE300B
あり

なんでも揃う秋葉原のラジオデパート。

名品Western Electric 274 B →
プリント¥130,000・刻印 ¥150,000.

月餅家直正とか、キク嘉商店とか、先斗町のますだとか、いつも立ち寄ります。

鬼焼かまぼこ

ふと思いついて出かけてみたら、やっぱりいいことがあった京都。

ふと京都に行きたくなる時がある。そういう時は夜の新幹線に乗って、ぴゅっと行けるといいなあ、と思い、次の日が休日であれば、そうしよう、うん、そうしよう、と、うなずきながら、朝ごはん付きの宿に電話をしてみる。こういう時くらい、大人になれてよかったなあとつくづく思うことはない。円山公園の中にある旅館『井雪』の湯船につかって鼻歌を唄う夕べは、得がたい贅沢である。

京都は日本料理や割烹もよいが、最近はもっぱら中華料理三昧である。上品であっさりしていながら滋味深い、京都ならではの中華にはまっているのだ。なので、昼は必ず中華料理を食べる。祇園の『盛京亭』は、友人に教えてもらった一軒である。葛切りで有名な『鍵善良房』の隣にある『金竹堂』の脇の細い路地の突き当たりに店はひっそりと佇んでいる。

『盛京亭』では、焼飯《やきめし》に、鳥からあげと肉団子が付いたサービスランチを食べる。かやくご飯のような焼飯が実に旨い。そして、どの料理も一皿の量が絶妙だからうれしい（学生には物足りない量かもしれないが）。京都ではおいしいものをちょこちょこ食べ歩くのが楽しみだから腹七分くらいがちょうどいいのだ。よって、食後には『鍵善良房』の葛切り。『盛京亭』は、食通の池波正太郎が通った店としても知られ、味には太鼓判が押されている。

ぜひ行ってみたいと思っていた古本屋がある。店の名は『Books & Things』という。場所は祇園縄手通にある。縄手通といえば、昔からよく歩く古美術街である。着いてみると『Books & Things』も細い路地の奥にあった。わくわくしながらベンガラ格子から店の中を覗いた。

店には靴を脱いで入る。畳の部屋に本棚が置かれ、小さい店ながらも、店主の小嶋さんセレクトによる質の高いアートブックがぎっしりと並んでいた。うん、ここにはとびきりの一冊があるぞ。そんなふうに勘が働いた。

小さな本とか料理本が好きだと伝えると、2階から僕好みの本を選んで持ってきてくれた。2階には店頭と同じ冊数のストックがあるという。小嶋さんが持ってきてくれた本の中に、見事なアールデコ・デザインが施され、多色刷りのユーモラスな挿絵が美しい、伝説のバーテンダー、ハリー・クラドックの名著、『The Savoy COCKTAIL BOOK』の初版があった。ここ数年、探し歩いていた本である。初めて行く本屋では、こういうことが起きるからたまらない。神妙な顔つきで畳に正座しながら僕は、心の中で何度も万歳をした。もちろん購入。他にも買いたい本は山とあったが「今日はここまで」と我慢して、機嫌よく店を後にした。

『月餅家直正』で「十六夜あわ餅」を買い、時計の針を見ると午後3時。おやつの時間である。『六曜社』でコーヒーとドーナツを味わってから、寄り道しないで東京に帰った。

明治5年創業、先斗町の紋章、千鳥柄のちょうちん。

coffee

Doughnut

京都は中華が旨いのです。

祇園

盛京亭《せいきんてい》

焼飯の具は、ごはんとは別に味付けして炊いてあるので、まさにかやくご飯。長年、祇園の食通に磨かれた京都ならではの中華味だ。焼飯￥880、サービスランチ￥1,290、牛肉ピーマン炒め￥1,310※すべて税込み。〇京都府京都市東山区祇園町北側263　☎075･561･4168　12:00すぎ〜14:00・17:00〜20:00　月、第2・4火休（祝日の場合は翌日休）

祇園

Books & Things《ブックス アンド シングス》

写真が好きだという店主の小嶋康嗣さん。よって絶版写真集はかなり充実している。他にもアート、建築、デザイン、ファッション、イラストレーションなど幅広く知識が豊富なので、なんでも聞くといい。オリジナルプリントも扱っている。〇京都府京都市東山区古門前通大和大路下ル元町375-5　☎075･744･0555　12:00〜19:00　不定休祇園の食通に磨きぬかれた味がある。

開店時間前に着いて、外で待っていたら、中でお待ち下さいと、入れてくれました。うれしかった。

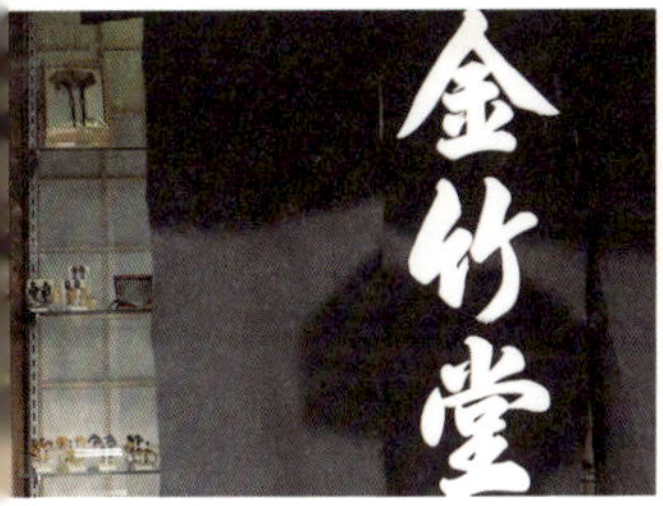

「八宝絲と称する冷前菜、春巻、酢豚、やきそば、炒餃など、何を食べても旨い」
『むかしの味』池波正太郎より。

舞妓さん御用達の髪かざり専門店、金竹堂。その脇の路地の奥に盛京亭はあります。

誰を連れて行っても旨いという。

Books & Thingsのブログ、andthings.exblog.jp
とても勉強になります。

そういえば

昔、ボクも一人で、こんな本屋をやっていました。

若い頃、お金が無くて買えなかったサボイ・カクテルブックでした。ネットではなく、本屋で見つけて買いたかったのです。

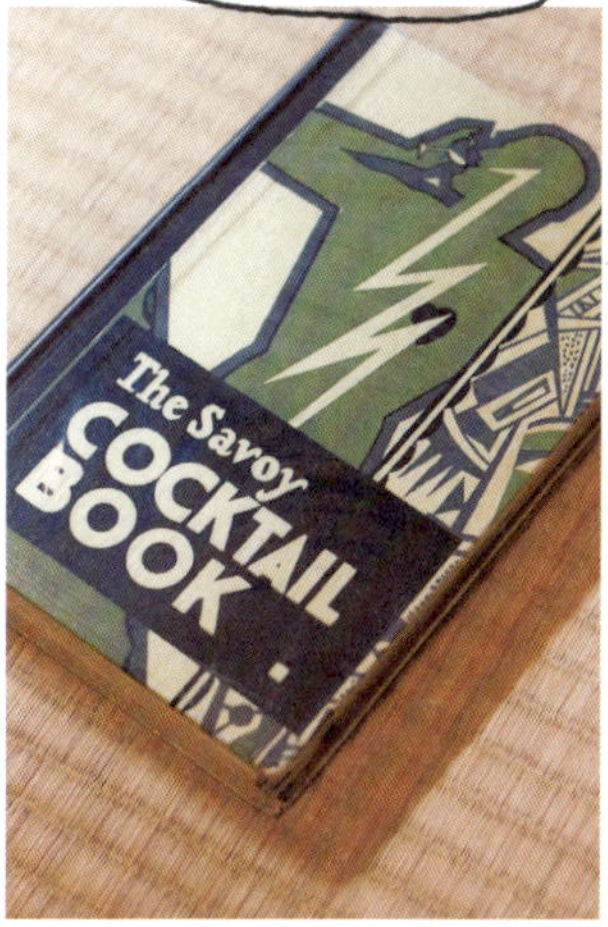

イギリス版の初版は10万以上。

アメリカ版の初版本、4万円でした。

ギルバート・ランボールドのイラストレーションがとてもいいのです。どのページもアールデコデザインがたっぷりでたまりません。

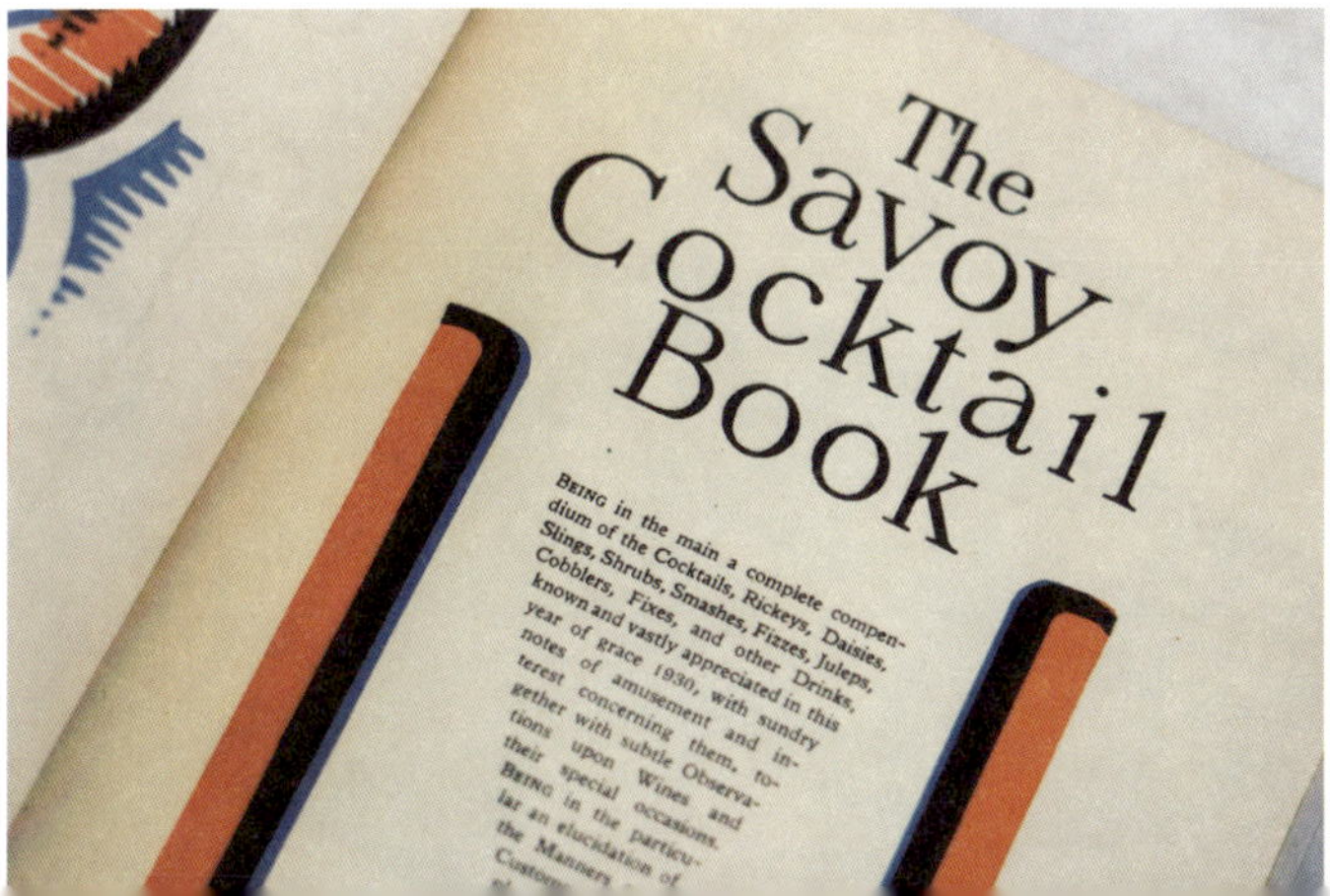

COLUMN 1

写真のこと。

カメラはライカを使っている。ほんの少し前まではフィルムで撮影していたが、今はもっぱらデジタルだ。よって、取材では、M8とM9-Pの二台を携えている。

ライカの魅力はレンズだが、レンジファインダーカメラであるがゆえに、弱点は近接撮影にある。しかし、モノやディテールを表現するには近接撮影は必須だ。そこでレンジファインダーカメラを、一眼レフにするためのビゾフレックス（もちろんライカ純正）という装置を使い、それに専用のエルマー65ミリレンズを付けた。すると、マクロレンズに負けない近接撮影が可能になる。しかも、エルマー65ミリレンズは、やわらかな描写が特徴で、通常撮影にも使える優れものだ。この連載で撮った近接写真は、すべてM9-Pに装着した、ビゾフレックスと、エルマー65ミリというコンビのおかげだ。

M8には、ズミルックス35ミリF1.4レンズを装着している。ズミルックス35ミリF1.4は、ロングセラーのレンズで、1960年にリリースされ、初代、二代目、三代目といくつかの変遷がある。あくまで個人的な好みだが、僕は初代のタイプを使っている。開放時のピントが合っていながら、やわらかくにじむ描写がたまらなく好きだからだ。人間の目で見ているものと近いというか、とにかく、F1.7あたりで撮影した写真は、まるで油絵で描いた世界のような表現力に満ちている。

このように、広角レンズと近接撮影用レンズの二本で、ニューヨーク、ハワイ、ボストン、東京のあちらこちらを歩いて、撮影をした。長年愛用しているM8は、底蓋のストッパーが壊れ、ガムテープで補強し、満身創痍だが、まだまだ現役だ。

ズミルックス28ミリレンズに、マクロ機能が追加され、しかも動画が撮れる、ライカQという新作が最近リリースされ早速手に入れた。これからの取材や撮影に活躍させたい。カメラ馬鹿とはまさに僕のことだ。

ぼくが好きなハワイ島のヒロを案内しよう。

7
4
FREE
Sample!
1
TURNING
VEHICLES
STOP FOR
WORLD FAMOUS
RAINBOW
BREAD
HILO BAY BUILDING
NOW LEASING
SALE
8
5
2
9
SALTED LEMON
SALTED LEMON
OATMEAL COOKIES
BANANA BREAD
MANGO BREAD
TARO BREAD
Best Bread Selection Order One Day Or More.
CAFE
100
6
Big Island
Ohana Cafe
3

僕にとってはニューヨークやパリ、ロンドンと同じようにハワイ島のヒロがある。そのくらいに大好きな町なんだ。

ヒロは、たしかにハワイであるけれど、水着の似合うトロピカルなリゾート地ではない。かつては製糖業で栄え、多くの日系人によって作られた、古きよきハワイが残されたオールドタウンだ。観光客目当てのにぎやかさはなく、ほのかにゆらぐキャンドルのあかりのように、ヒロの町はひっそりと息づいている。そして「雨の都」の名の通り、晴れていながらも一日に何度も雨が降り、そのたびに表情豊かな美しい虹が大空にあらわれる。あるときは、ふたつの大きな虹が交差しているのを見たことがある。

幻影のように目に映るノスタルジックな町並みは、さみしさだけでなく、はかなくも甘く、ひと刷毛のかなしみを含んでいる。だから僕は、ふれあうほどにヒロの町をいとおしくなっていく。ヒロの町をもっと歩きたくなる。

ヒロでは小さな宿に泊まりたい。『Pakalana Inn』は、建築家ニール・エリックソンさんが経営する、たった6部屋のB&Bだ。キッチン付きの部屋もある。白い板張りのキャビン風の小屋の1階がカフェで、2階に部屋がある。もちろん朝食はカフェでとる。宿とカフェのドアが一緒だから、着いたその日から顔なじみになれるのがいい。

ワンブロック先には、ヒロで最もにぎやかな「Hilo Farmers Market」があり、向かいには、ワイロア・ステート・パークが広がっている。「Hilo Farmers Market」で、おいしいタイ料理のランチボックスと、新鮮なフルーツを買って、部屋でのんびりと窓からの景色を眺めながら食べる。フレッシュジュースやはちみつ、ジャムでもパンでも、気になったものをなんでも買って楽しみたい。

退屈したら、ケアウエ通りの『Bear's Coffee』に行く。ヒロの町のキーステーションともいえる老舗のカフェだ。知りたいことがあったら、ウェイトレスのヴィッキーに聞けば、なんでも親切に教えてくれるだろう。絶品のワッフルと自家製チョコレートブラウニーは、定番のおやつだ。

「サンフランシスコの『City Lights Bookstore』のような本屋にしたい」と語るのは、『Still Life Books』のロイス。彼はピックアップトラックの荷台に古本を載せたブックモビールも持っている。旅中、読む本が無くなったので、ブローティガンとサリンジャーをこの店で調達した。

レインボウ・ブレッドで有名な『Low International Food』は、甘いものから辛いものまで、なんでも食べられる食堂&パン屋だ。ハワイ料理といえば、ご飯の上に、ハンバーグと目玉焼きを乗せて、グレイビーソースをかけたロコモコがある。そんなロコモコ発祥の店『Cafe 100』がヒロにある。この店のスーパーロコモコを、一度は食べてもらいたい。他に、ハワイ・トリビューン・ヘラルド社の前に、最近オープンした『Short n Sweet Bakery Market Cafe』は穴場のカフェだ。スイーツは、地元のグルメに絶大な人気がある。カップケーキとベーグルは実にうまい。

ヒロの町はどんなに歩いても迷子にはならない。1時間も歩けば一回りができてしまう。歩いていれば、きっと雨が降る。そうしたらカフェでお茶していればすぐに晴れる。晴れたらまた歩く。これがヒロの楽しみ方だ。

新しいものはひとつも無いけれど、ヴィンテージ・ハワイな町並みや文化、ローカルフード、豊かな自然、そして、にこやかな人々の暮らしがヒロの町にはたっぷりとある。

さあ、明日はどんなふうにのんびりしようかな。

ONE WAY
MR. ED'S
HOMEMADE
-CHUTNEY-
POI
OPEN
HONOKAA
1930
ISHIGO'S
SINCE 1910
HOTEL
HONOKA'A CLUB
and HOSTEL
CLASS from the PAST
VINTAGE BOTTLES
ANTIQUES
EPHEMERA

レンタカーを借り、ホノカアとハプナビーチへ行く。
アツアツのマラサダをほおばって19号線をドライブ。

ハワイ島はビッグアイランドと呼ばれている。ハワイ諸島の中で一番大きな島だからだ。ハワイ諸島の最高峰、4000メートル級のマウナケア山や、今も噴火を続けるキラウエア火山など、ハワイ島にはいくつもの雄大な山々がそびえたつ。トレッキングはもちろんのこと、冬にはマウナケア山では雪が積もるのでスキーもできる。そして、驚くことにハワイ島は、ひとつの島で世界13の気候帯のうち11の気候帯を有している。だからこそ他に類を見ない、豊かな自然環境と生態が様々に存在している。

ヒロからレンタカーで19号線をひたすら北上すると、1時間ほどでホノカアに着く。ホノカアは、さとうきび畑で働く移民が作った小さな田舎町だ。メインストリートのママネ通りには、1930年に建てられた「Honoka'a people's theatre」を中心に、ミントグリーンやピンク、イエローに塗られた木造建ての、雑貨店や食堂、アンティーク屋といった個人商店が並んでいる。ハワイ島は、田舎に行けば行くほど、家や建物がカラフルに塗られている。それがとてもチャーミングだ。

現在「Honoka'a people's theatre」は、夜間の上映のみだが、今でも地元の人々にとってのコミュニティの場になっている。ロビーには、映画館を建てたことで知られる日系移民のタニモトさんの懐かしい写真が飾られていた。

ヒロと同様ホノカアは、朝は早く、夕方になれば、ほとんどの店のあかりは消えている。そんな自然とともにあるライフスタイルが、ここを旅する人を癒している。

ホノカア名物といえば、『Tex Drive In』のポルトガルの伝統菓子マラサダだ。ハワイ島にはポルトガル移民も多かった。そのためマラサダが広まった。この店では注文してから揚げるのでいつもアツアツが味わえる。

ホノカアでぜひ寄りたいのは、『C. C. Jon's Snack-In Shoppe』と『Simply Natural』。どちらもホノカアに暮らす人々に愛されている町の食堂だ。なんとも懐かしいアットホームな雰囲気についつい長居してしまう。

ホノカアを後にするときはいつも心もお腹も満腹になっている。そしていつまでも笑顔でいる自分に気がついて、こういう気持ちのままで、この先、生きてゆきたいと強く思う。ああ、ホノカアという町は、なんて笑顔とやすらぎに満ちているのだろう。次に訪れる時は、町でたった一軒のホテル「Hotel Honoka'a Club」に泊まってみよう。

アメリカ一美しいビーチと呼ばれるハプナビーチは、ホノカアからさらに19号線を北上したハワイ島の東海岸にある。時間が許せば、途中、古代ハワイの王族が暮らしたハワイ島の聖地、ワイピオバレーにも足を伸ばしたい。

ハプナビーチには「Hapuna Beach Prince Hotel」に車を停めて、ホテルからビーチに入っていくのが便利だ。どこまでも続く真っ白な砂浜と、きらきらと輝く青い海、と書くしかないが、そこに立てば「アメリカ一美しい」という言葉に誰もが納得するだろう。僕は、もう一言「夢のような」と付け加えたい。パラソルとチェアを借り、木陰でのビーチピクニック&昼寝を時間が許す限り楽しんだ。

ヒロへの帰途、ホノムに寄る。ホノムはヒロよりもホノカアよりも、もっともっと小さな町だ。宝石のようなジャムと言われる自家製ジャムを売る『Mr. Ed's Bakery』のエドさんに会いたかった。エドさんは変わらず元気だった。

1922
OPEN
CASH ONLY
Farmer's Kitchen
933-8009
OPEN
3Z-260
HAWAII
Hawaiian Islands
13
0303
14
16
15
DRINKS

MY FAVORITES OF DOWN TOWN HILO

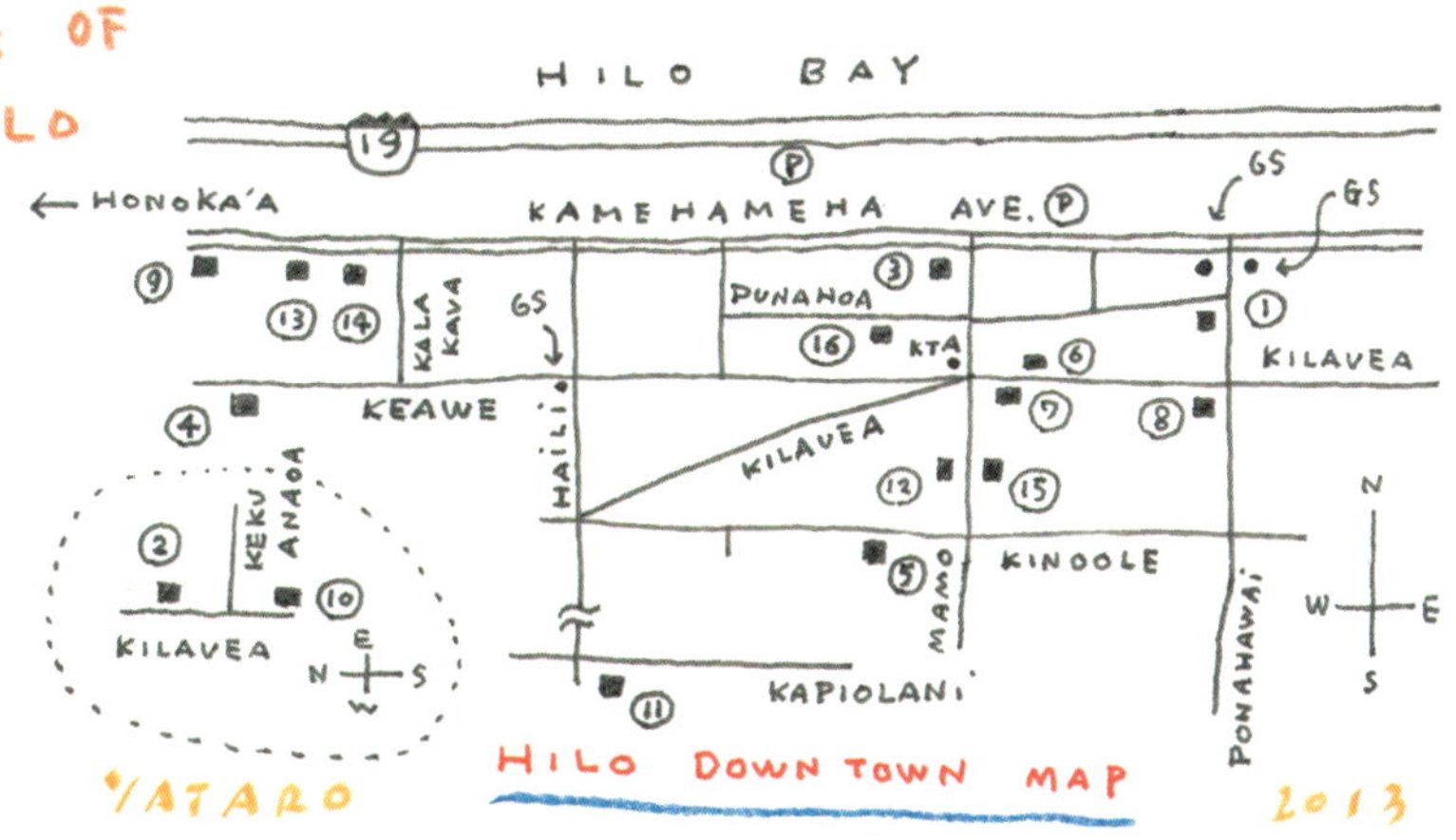

アンティーク屋をぶらぶらしながら、一日にふたつくらいはドーナツを食べるヒロでの日々。

朝、目が覚めたら、まずはコップ1杯の水道水を飲む。ハワイ島の水道水は安心して飲めるし、独特のまろやかさがありほんとうにおいしい。そして、買っておいたストロベリージャムの瓶を開けて、スプーンでひとなめする。もしくはもうひとなめ。ある日、僕はハワイの水道水とストロベリージャムの相性がとびきりいいことを発見した。自画自賛のおいしさだ。それからはずっとハワイにおける毎朝の楽しみにしている。

ヒロでいちばんおいしいものは何か。みんなはどう答えるだろう。僕の答えはドーナツだ。正直、僕はヒロにいる時、一日にふたつくらいはドーナツを食べている。中でもヒロ・ショッピングセンターにある『Lanky's Pastries』は、一見どこにでもありそうなドーナツ屋であるけれど、ハワイ・トリビューン・ヘラルドの「Best of east Hawaii」に選ばれた、知る人ぞ知るドーナツ屋だ。もしも世界ドーナツ大会というものがあるならば、僕は『Lanky's Pastries』のココナッツ・ドーナツとグレーズ・ドーナツをエントリーさせて優勝を狙いたい。

ヒロの町には、1ブロックごとにアンティーク屋がある。新しいものはひとつもない代わりに古いものならいくらでもある。マモ通りの『Mamo Traders Inc』は、工業系のパーツ屋だけど、店とそこにあるものすべてが古く、今の感覚で見るとなんておしゃれな店なのかと息を飲んでしまう。スリフトショップやアンティーク屋巡りもヒロでは楽しい。ケアウエ通り沿いにあるアンティーク屋で、レアなポストカードを2枚と、'50年代のブラック・ナンバープレートを買った。以前、たくさん買った、ヒロでたくさん発掘される古いガラス瓶は今回買わなかった。

1 **Hilo Surfboard Company**

ヒロのサーファーが集まるローカルなサーフショップ。○84 Ponahawai St. ☎808・934・0925

2 **Cafe 100**

ロコモコ発祥の店。おすすめはスーパーロコモコ。○969 Kilauea Ave. ☎808・935・8683

3 **Hilo Farmers Market**

土曜日に盛り上がる新鮮な野菜やフルーツが集うマーケット。○400 Kamehameha Ave. ☎808・933・1000

4 **Bear's Coffee**

元ヒッピーの夫婦が営む、絶品ワッフルがおすすめのカフェ。○106 Keawe St. ☎808・935・0708

5 **Short n Sweet Bakery Market Cafe**

ヒロのスイーツ通に人気のスタイリッシュなカフェ。○374 Kinoole St. ☎808・935・4446

6 **Big Island Ohana Cafe**

現在は閉店。

7 **Still Life Books**

ケルアックやブローティガンなどが揃った古書店。○58 Furneaux Ln. ☎808・756・2919

8 **Low International Food**

レインボーブレッドが名物。メニュー豊富な簡易レストラン。○222 Kilauea Ave. ☎808・969・6652

9 **Hilo Bicycle Works**

現在は閉店。

10 **Lanky's Pastries**

ヒロで一番おいしいドーナツ&パン屋。朝5時からオープン。○1263 Kilauea Ave. ☎808・935・6381

11 **Mid Pacific Store**

現在は閉店。

12 **Hilo Surplus Store Inc**

軍の放出品やデッドストックが所狭しと置かれたサープラス店。○148 Mamo St. ☎808・935・6398

13 **Alan's Art & Collectibles**

広い店内にアクセサリーや食器類が豊富なアンティークショップ。○202 Kamehameha Ave. ☎808・969・1554

14 **Tina's Garden Gourmet Cafe**

オーガニック野菜を使ったタイ料理が人気のレストラン。○168 Kamehameha Ave. ☎808・935・1166

15 **Mamo Traders Inc**

店そのものがヴィンテージ。ヒロで一番クールなハードウェア店。○165 Mamo St. ☎808・935・1665

16 **Pakalana Inn**

ヒロでおすすめの小さなホテル。1階がカフェなので便利。○123 Punahoa St. ☎808・935・0709

今度の週末は、ぶらぶらと、日本橋デートとかいいかもしれない。

サンドイッチはいろいろとある。いろいろというのは、イギリスパンを使ったり、クロワッサンを使ったり、カンパーニュを使ったりと、使うパンによって、いろいろなサンドイッチがあるということだ。僕はどんなサンドイッチも大好きだ。

　サンドイッチは外国人にとってのおにぎりみたいなもので、そんなふうに思って食べると、さらにおいしくて笑みがこぼれる。そしていつも、サンドイッチはきらいだよ、という人はきっといないだろうなあ、とか、世界中には一体何種類のサンドイッチがあるのだろう、なんて思ったりしながら食べている。で、さらに笑みを浮かべている。

　そんなことを考えていたら、つい先日、大切な知人から教えていただいた、ブリヂストン美術館に併設されているカフェ『ジョルジェット』のミックスサンドイッチが食べたくなった。8種類の具にふわふわの食パンを使った、ひと口サンドイッチで、実においしくて、上から見ても、横から見ても、芸術品のように美しくてほれぼれする。サンドイッチの名店『赤トンボ』が、『ジョルジェット』の為だけに作っている、こだわりのサンドイッチである。他にシーフード&ベジタブルサンドイッチと、チキンささ身トーストサンドイッチがある（どちらも絶品）。

　『ジョルジェット』という名は、ブリヂストン美術館で一番人気の作品、ルノワールの「すわるジョルジェット・シャルパンティエ嬢」が由来である。「ルノワールを見て、おいしいサンドイッチを食べよう」なんて、彼女をデートに誘ってみたらいいかもしれない（おおきなお世話ですね）。行儀よく静かに楽しんでいただきたい。そういう秘密の場所である。

　日本橋を歩くのが昔から好きだ。日本橋は人混みも少なく、ぶらぶらしやすい。鰹節の『にんべん』や、つくだ煮の『日本橋鮒佐《ふなさ》』、『山本海苔店』といった魚河岸なごりの老舗を覗くのもいいし、路地裏にある、明治や昭和の香りを漂わせるトロフィー屋だったり、喫茶店や洋食屋というような小商いの店を探検気分で見て歩くのもいい。歩くたびに、あんなところ、こんなところと、いつも小さな発見があってうきうきする。そんなふうだから、中央通りを京橋から歩いて、『明治屋』や『丸善』、『髙島屋』を通り、日本橋を渡り、日本橋室町の『三越』までの界隈は、まだまだ散策の余地があり楽しみのひとつだ。

　日本橋に行ったら寄らずにいられないのが、穴子専門店の『玉ゐ』である。ぜひ、穴子ちらし（特特）を買って帰りたい。もちろん名物の箱めしを食べてもよし。肉厚で、ふっくらして、香ばしい焼き上げにつばがあふれる。「とびきりおいしい穴子料理を日本橋で食べよう」と、彼女をデートに誘ってみてもいいかもしれない（またまた、おおきなお世話ですね）。

「PARIS .パリ. 巴里
日本人が描く1900-1945」

あなごたっぷり太巻き

京橋

ティールーム
ジョルジェット

ブリヂストン美術館建て替えのため閉店。

日本橋

玉《たま》ゐ
日本橋本店《にほんばしほんてん》

人気の箱めしは、仕上げを“煮上げ”か“焼き上げ”のどちらかを選ぶ。あなご箱めし（小箱￥1,750、中箱￥2,950、大箱￥3,950※すべて税込み）、彩りも豊かな穴子ちらし（特上￥1,450、特特￥2,300※ともに税込み）。お持ち帰り弁当にもできる。◯東京都中央区日本橋2-9-9　☎03-3272-3227　11:00～14:30・17:00～21:30、土・日・祝11:30～15:30・16:30～21:00（LOはいずれも閉店30分前）　無休

TAKASHIMAYA

きりん像が大迫力。
明治5年に作られた
日本橋の装飾柱。

一流のお買物は…
MEIDI－YA

明治屋から
丸善に行って、
高島屋をブラブラ。
これがいつもの
コースです。

MARUZEN
明治2年創業

チキンささみ
トーストサンドイッチ

長谷川路可のフレスコ画が
4枚 かざられています

シーフード＆
ベジタブル
サンドイッチ

ミックスサンドイッチ

デザートのミックスベリーゼリー

Tearoom
Georgette

たまご、ハム、キュウリ、ツナ、チーズ、ローストビーフ、
ポークカツ、エビフライ、

あなご
日本橋
玉ゐ

あなごちらし(特特)

あなごとうなぎの
違いを知っていますか?
うなぎは淡水域に
生息し、あなごは
海に生息しています。
うなぎはほとんど養殖
ですが、あなごは
天然です。

今やあなごも貴重です。
売り切れになることもあるので注意。

ちらしの具の下に、
びっくりするくらいの
量のあなごが
隠れています。

昭和28年に酒屋として
建てられた日本家屋。

9月までは江戸前
あなごの旬です。

定番の箱めし(中箱) 半分はお茶づけで。

すぐ近くにある今戸神社。
大きな招き猫がシンボル。

堀口製作所は、
ねぎし三平堂のすぐ近く。

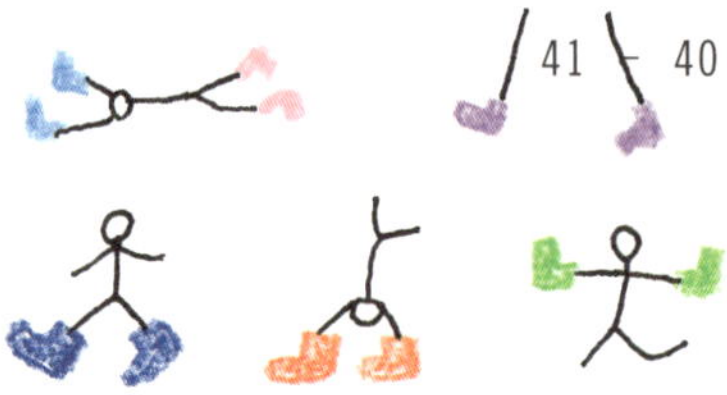

あたらしいものは古く、古いものこそあたらしいと知った一日。

ある日、招き猫が欲しくなった。

招き猫とは、前足で人を招く姿をした猫の人形である。右前足を上げているとお金を招き、左前足を上げていると客を招くといわれている。商売繁盛の縁起物として江戸時代末期から知られている。

どこで買ったらよいかと思案していたら、以前、知人の家に置いてあった招き猫のことを思い出した。その招き猫が素晴らしかった。風貌というかころんとした佇まいがとても良くて思わず唸った。どこで手に入れたのかと聞いたら、招き猫といえば、浅草の今戸焼が発祥の地であり、ホンモノであると教えてもらった。招き猫にホンモノとかニセモノがあるのかと感心したが、そうそう買い替えるものでもない。どうせなら元祖といわれている招き猫がいいな。そう思って浅草の今戸へと向かった。

今戸焼は『今戸焼 白井』で製造販売している。一つひとつ完全手作りにて、現在ここ一軒だけである。隅田川沿岸の今戸は、古くから良質な土が採れたため、瓦や植木鉢などを作る今戸焼と呼ばれる窯元がたくさんあった。その後、江戸時代になってから、招き猫や福助、お多福といった土人形が今戸焼で作られるようになった。今戸焼の土人形は、江戸時代に庶民の間で爆発的なブームになった。「今でいえばフィギュアみたいなものですね」と、今戸焼職人の白井裕一郎さんはいう。招き猫の出自を調べると一枚の錦絵に辿りつく。そこには丸〆という印がお尻にある招き猫が、縁日で売られている様子が描かれている。これこそ今戸焼の招き猫であり元祖の由来である。『今戸焼 白井』は、お店というよりも工房である。「丸〆の招き猫はありますか?」と聞くと、人気の為、注文に追いつかず、およそ2年待ちだった。知人の家にあった招き猫は、丸〆に違いなかった。買えないことに残念がっていたら、これなら在庫がありますと見せてくれたのが、手の平に載る大きさの白猫と黒猫の招き猫だった。黒猫の招き猫は魔よけ厄除けと聞いたことがある。丸〆ではないけれど、一目見たら気に入って、白猫と黒猫をひとつずつ買った。さらに水玉模様の手ぬぐいで顔を覆ったお多福とも目が合い包んでもらった。

招き猫欲しさに知った、江戸時代から変わらぬ手仕事によって作られ続けている今戸焼であった。通いつめてあれこれ集めたくなった。

台東区は江戸時代から伝わる手仕事が数多く残っている。和風引戸金具の『堀口製作所』もそのひとつ。襖や障子戸に使われる美しい引手作りの職人、堀口宏さんの工房が根岸にある。見学に行くと、その秀逸なデザインによる引手の多種多様さに息をのんで驚いた。

今戸焼も、堀口さんの引手も、日本独特の美と、江戸ならではのユーモアにあふれた技の結晶そのものであった。楽しい一日散歩になった。

浅草

今戸焼《いまどやき》 白井《しらい》

始まりは弘化年間という、160年以上の歴史を持つ「今戸焼」の窯元「白井家」。土器や瓦を作っていた「今戸焼」だが、昭和の初めには30軒あった窯元は、白井家の1軒のみとなった。工房に併設された店舗で商品を購入可能。◯東京都台東区今戸1-2-18　☎03・3872・5277　10:00～18:00　不定休　訪店するときは、営業の有無を事前に確かめて。

根岸

堀口製作所《ほりぐちせいさくじょ》

日本の建築や家屋にある襖の引き手を手作りする引き手職人・堀口宏さんの工房。古くは安土桃山時代にまで遡り、多くの職人たちの技とセンスによってさまざまなモチーフやデザインが生まれた引き手。その歴史と伝統を受け継ぐ貴重な一軒。併設された「襖引手資料館」は現在は閉館。◯東京都台東区根岸2-9-10　☎03・3874・3459

十二支の土人形もある。どれもユーモラスで、かわいらしい。

ひとつひとつ顔がちがうお多福火入れ。

後ろに炭を入れる穴が開いている。

元祖、丸〆の招き猫は、黒い前だれをつけている。

これぞ丸〆の招き猫です。今や2年待ち。

江戸時代に使われていた座猫の型。

貧しいおばあちゃんの夢枕に飼い猫が立ち、今戸焼でこういう猫を作って、祀れば幸せになるというお告げがあった。

そうして、招き猫が生まれた。

6代目の白井裕一郎さん。この日は福助に筆を入れていました。

欲しい人は注文で作ってもらう。

堀口さんの仕事場。

工房は襖引手資料館も併設されている。

ひょうたん引手が欲しい！

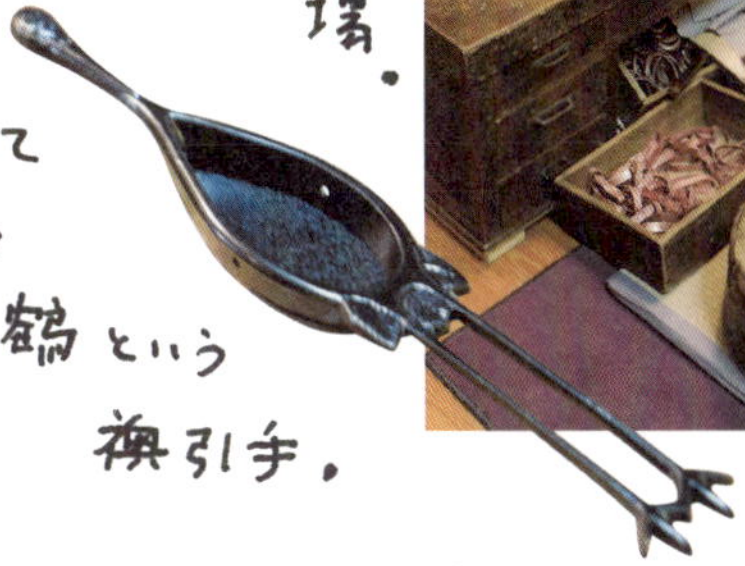

桂離宮にて使われた立ち鶴という襖引手。

襖引手が普及したのは江戸時代になってから。基本は丸、角、だ円、他に自然モチーフなどがある。

香炉型の襖引手。

COLUMN 2

イラストのこと。

子どもの頃の得意といえば、絵を描くことだった。他にほめられることは無かったが、絵を描くと大人にほめられるので嬉しかった。車や動物、家や建物を描くのが好きだった。

もっと好きだったのは、詳しい断面図を描くことで、要するに自分なりに、きっと中身はこうなっているだろう、と想像して描くことだった。人や動物、家や建物、電車や車、飛行機の断面図など、身近にあるものは、何でも断面図にして描いて楽しんだ。

しかし、大人になるにつれ、絵を描くことは少なくなった。自分なんかよりも絵を上手に描く人が、当然ながら世の中にはたくさんいることに気が付いたからで、昔も今も、一番になれないとわかると、すぐにやめるという性分がそうさせたのだろうと思う。

「この店、あの場所」をスタートした時、見開きページが、自分のスクラップ帳のように見えると面白いなあと思い、サインペンを使って、写真の脇に手書きでコメントを書いた。それはそれで面白くて、次第に、吹き出しにして言葉を添えてみたりと楽しんだ。

そうこうしていたら、なんとなく子どもの頃、絵を描いていた気分が蘇ってきて、ちょっと何かイラストというかカットのようなものを描いてみようかと思い立った。

僕は画材屋に、油性色えんぴつを買いに行った。好きな色を選ぶのがとても楽しくて、選びながら、早く描きたい気持ちを抑えるのが大変だった。「ホルベイン」「カラン ダッシュ」「ヴァンゴッホ」の油性色えんぴつには、自分の好みのこれぞという色があった。僕の好きな色は、紺、ピンク、黄、赤、水色で、濃淡のバリエーションを幾つか揃えた。連載の後半は、油性クレヨンを使うようになった。

こうして、三年半続いた「この店、あの場所」は、写真と文章、そして、余白にイラストを描くことが当たり前になった。僕にとっては、写真と文章、イラストどれもが同列にあった。

ボストンといえば本屋とニューバランス。

02. INDIA QUALITY RESTAURANT

01. TRIDENT BOOKSELLERS & CAFÉ

03. BANGKOK BLUE

04. RAVEN USED BOOKS

『Casino Royale』を探しに、ふたたびボストンにやってきた。

ボストンへ行くといい。

二十五年前、サンフランシスコからニューヨークにやってきた僕に、トムが言った。トムは老舗古書店『ストランド書店』お抱えのベテラン背取り師だ。背取り師とは、街中の古書店の安売り棚を常に見てまわり、その店が正しい価値を知らないために、タダ同然の値段をつけたレア本を掘り出し、その本を必要としている店へ転売し、その利ざやを稼ぐ職業である。五ドルで買った本を、二ブロック離れた別の古書店に百ドルで買い取ってもらうということは茶飯事だった。たとえば、誰かが亡くなり、その蔵書をまとめて買い取った時、アートブック専門の古書店であれば、読み物のレア本は、余程有名でなければ値段がわからない。わからないものは店先の安売り棚に置かれる。そんな本は置かれて数時間も経たずに誰かに買われる。常に背取り師が、目を皿にして街中を歩きまわっているからだ。

二十歳そこそこだった僕はサンフランシスコで背取りを覚え、腕試しにニューヨークにやってきた。そしてトムと出会った。インターネットが無い時代である。今では、インターネットで本のタイトルを調べれば、それがいくらで取引されているかがすぐにわかる。よって掘り出し本は少なくなった。それと同時に背取り師も減った。インターネットを利用し、誰もが店を持たずとも本の売買ができるようになり、本の探索も、今までのように足が棒になるほど街を歩きまわらなくてもよくなった。多くの背取り師が自分で探した本を自分で売ることができるようになり、ブックハンターからブックセラーとなった。

トムは新米の僕に、ニューヨークは背取

05. BRATTLE BOOK SHOP

り師が多く、また縄張りも厳しい。一度、ボストンに行って、背取りをしてきたらどうかと勧めてくれた。トムは、イアン・フレミングの『Casino Royale』初版本を探し集めていて、ボストンのどこかの店に安い値段であるかもしれないので、探してきてくれと僕に頼んだ。時に背取り師は、このようにして、探している本を探し合って助け合う。僕は自分が背取り師として認められたのが嬉しくて引き受けた。

結果、運良く僕はボストンで『Casino Royale』初版本を格安の千ドルで見つけ、トムは僕から千二百ドルで引き取り、おそらくその三倍以上の値段で客に売り渡した。当時、ボストンの古書店は掘り出し本が多く、宝の山だった。ボストンで本を安く探し、高い値段を出してでも欲しい客が多いニューヨークで売るというのが賢かった。

今、僕は、もう一度、イアン・フレミングの『Casino Royale』初版本を見つけようとボストンにやってきた。僕が本屋になるきっかけにもなった、背取りの思い出として、自分のために欲しい。今なら二千ドルで買えれば御の字だ。フレミングの署名入りなら三千ドル。さて、見つかるだろうか。研ぎ直した腕の見せ所である。

最後にボストンを訪れたのは九年前だ。その時は、ウォーホルや、エドワード・ルシェ、ブローティガンのレア本をニューベリー通りの本屋でかなり買えた。そんなふうにボストンはいい思い出ばかり。なんといっても大好きなドーナツがある。

いい街にはいい本屋がある。ボストンはまさにそんな街であり、そんな本屋がある。シーフードもうまいが、うまいカレー屋もある。ということで、ボストンの古書店めぐりをしてみよう。

鼻を利かして歩け歩け。

06. COMMONWEALTH BOOKS

本屋、カレー、本屋、カレー、ときどきドーナツ。

　アメリカ北東部、マサチューセッツ州ボストンは、アメリカでもっとも歴史のある都市である。十七世紀にイギリスからやってきた清教徒たちによって作られた街なので、教会も多く、情緒豊かなレンガの街並みが今でも多く残っている。まるでヨーロッパの古い街のようだ。散策して歩くにはひとつも飽きない面白さがある。四色に分けられた「T」と呼ばれるアメリカ最古の地下鉄と、路線バスを利用すれば大抵の場所には行けるのも便利だ。

　忘れていけないのはボストン発祥の『ダンキンドーナツ』だ。フワフワなドーナツのうまさは癖になる。ミルクと砂糖入りのコーヒーが市民の定番だ。

　ボストンといえば、まずはバックベイエリアである。ビーコンヒルと並んで高級住宅地として知られ、東西に渡るニューベリー通りは、ブランドショップや有名レストランが軒を連ねている。今は少なくなったが、元々この辺りは古書店が多かった。『Trident Booksellers & Café』は、朝七時から営業をしているブックカフェだ。こういう店が日本にもあればいいのにと思う。毎朝この店でパンケーキの朝食を食べて一日を始める。同じ通り沿いにある『Raven Used Books』は、近隣コミュニティに愛されている昔ながらの古書店だ。本の入れ換わりが早いから二日に一度は顔を出したい。

　僕はカレーが大好き。だから、どこの国に行っても、うまいカレー屋を探すことにしている。ボイルストン通りにあるタイ料理店『Bangkok Blue』で、グリーンカレーのランチを食べた。まあまあ、うまい、とノートにメモした。ボストンで一番うまいカレー屋はどこだろう。本探しと同様、

07. PETSI PIES

08. HARVARD BOOK STORE

09. TAMARIND BAY

カレー屋探しも、いつもの旅の楽しみだ。

ダウンタウンに『Brattle Book Shop』という大好きな古書店がある。一階と二階、そしてレア本専門の三階に分かれ、店の横の屋外スペースには、たくさんの安売りのワゴンが、所狭しと置かれている。まさに背取り師の漁り場だ。ぶらりと訪れて掘り出し本が買えるわけがないと思いきや、挿絵付き『ハックルベリー・フィンの冒険』を五ドルで見つけて喜んだ。機嫌を良くして、レッドソックスの本拠地、フェンウェイ球場近くの『India Quality Restaurant』で、シュリンプカレーを食べる。ベスト・オブ・ボストンに選ばれたインド料理店だ。おいしくないわけがない。ブロッコリー入りのナンもうまかった。

『Casino Royale』を探さなくてはいけない。『Commonwealth Books』へ行く。初版本の品揃えに定評があり、以前『Casino Royale』を見つけた古書店である。イアン・フレミングの初版本だけを並べたガラスケースを覗くと『Moonraker』があった。その横には、なんと『Diamonds are Forever』と『From Russia, With Love』がある。すごい。値段を見た。『Diamonds are Forever』は、コンディション良く、署名本で五千ドル。値段もすごい。店主に挨拶し、『Casino Royale』を探していると告げた。店主は「僕も探しているんだ」と首を横に振った。『Casino Royale』初版本は値段が高騰しているという。「東京の神保町で見つけるほうが簡単ではないか」と言われた。冗談にも聞こえるが、真実味のある話である。うーむ。それも確かだ。

ケンブリッジの『Harvard Book Store』に足を延ばし、カレーで有名な『Tamarind Bay』で、ベジタブルカレーを食べた。うまくておかわりした。ハーバードヤードから少し離れた場所にある『Petsi Pies』は、ボストンで一番好きなコージーなカフェだ。

メイド・イン・ボストンの ニューバランス。

東部の学生は、銀ぶちめがね、ひじの抜けたクルーネックのシェットランドセーター、コーデュロイのパンツ、オックスフォードの半袖ボタンダウンのシャツ、片手に『森の生活』、そして、ニューバランスのランニングシューズかキャンプモカシン。というのが僕のイメージだ。とくにボストン生まれのニューバランスは、ボストン市民や学生に馴染みが深い。

今回の旅の機会に、僕は記者向けに行われるニューバランスの工場見学を申し込み、街から少し離れたローレンス工場を訪れた。

驚いたのは、そのほとんどの工程が、一足一足、人によるミシン縫いで行われていることだった。ガッチャンガッチャンではなく、ダダダという、まさに人が操るミシンの音でニューバランスは作られていた。まるで手作りだ。そんなふうに作られるモデルは僅かであっても、アメリカのクラフツマンシップ精神が、ニューバランスのプリンシプルとクオリティを支えていたんだと実感した。働く人たちの顔は、従業員というよりも職人としてのプライドに満ちていた。ひとつ言うと、意外にも女性が多かった。僕が履いているM２０４０やM９９０は、MADE IN USAと表記されているが、それはメイド・イン・ボストンを意味するとわかって嬉しくなった。

僕がニューバランスを好きな理由は、ニューバランスは他のシューズと違って人間の足のかたちをしているからだ。当たり前のようだが、そんなシューズはありそうでない。人間の足のかたちは、それぞれに個性があり、愛嬌がある。そんな足のいいところやそうでないところを、ニューバランスはありのままに包み込み、歩行やランニ

NEW BALANCE FACTORY

BOSTON MAP

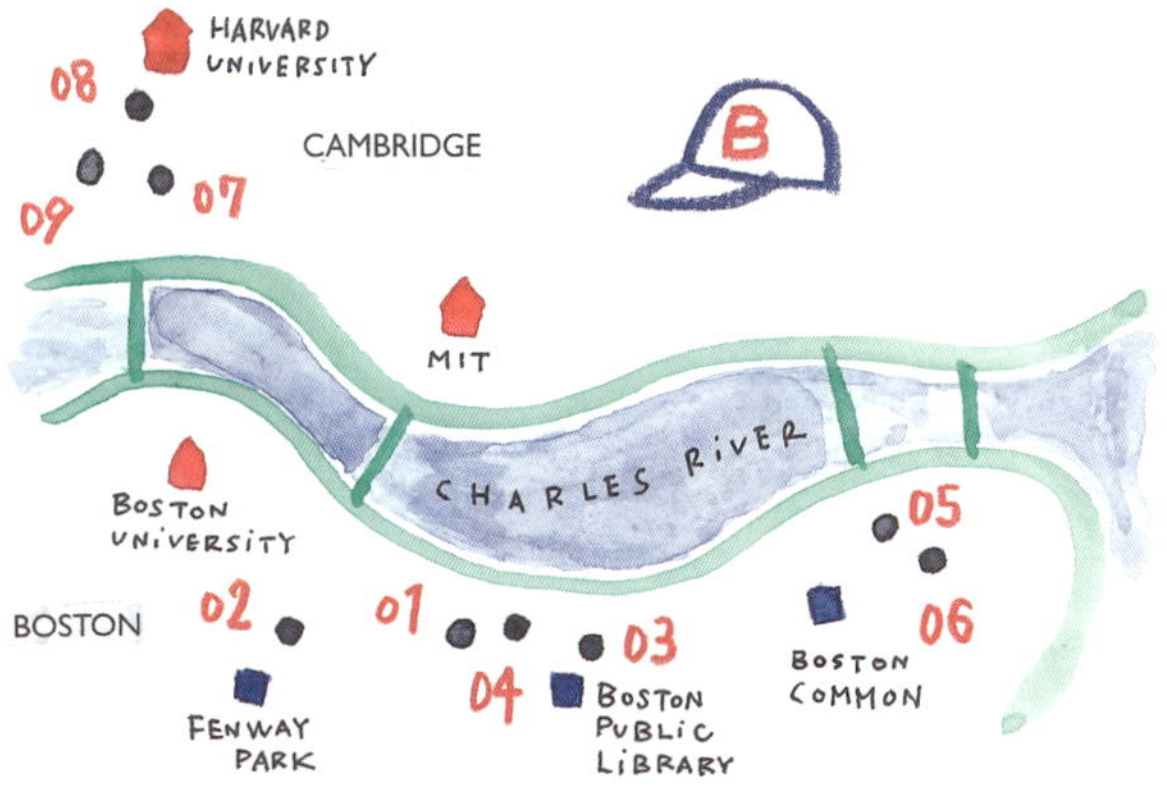

BOOK **01. TRIDENT BOOKSELLERS & CAFÉ** ○338 Newbury St. ☎617·267·8688 **04. RAVEN USED BOOKS** (Closed) **05. BRATTLE BOOK SHOP** ○9 West St. ☎617·542·0210 **06. COMMONWEALTH BOOKS** ○9 Spring Ln. ☎617·338·6328 **08. HARVARD BOOK STORE** ○1256 Massachusetts Ave. Cambridge ☎617·661·1515 CURRY **02. INDIA QUALITY RESTAURANT** ○484 Commonwealth Ave. ☎617·267·4499 **03. BANGKOK BLUE** ○651 Boylston St. ☎617·266·1010 **09. TAMARIND BAY** (Closed) CAFE **07. PETSI PIES** ○31 Putnam Ave. Cambridge ☎617·499·0801

ングを助けてくれている。そういえば、二十五年前、ボストンに背取りで訪れた時（ニューヨークの『フットロッカー』で買ったＭ１３００）、ボストン郊外で開かれるアメリカ一規模の大きいフリーマーケット「ブリムフィールド」を歩いた時（青山で買ったＭ９９０）、僕はニューバランスを履いていた。そして、そういった年月を経た今も、ニューバランスを履いている。そんなしあわせをボストンで噛み締めた。

それはそうと、『Casino Royale』初版本を探さなくてはいけない。ダンキンドーナツを好きなだけ味わったら、東京に帰って、神保町を歩こうと思っている。神保町にはカレーもある。

Vintage feed and seed sacks.

今回は古い友人を訪ね、下北沢を散歩しました。

「人の手で作られたものは、人の手で必ず直せるんだ」と友人は言った。

二十歳の頃、新しい洋服を買うときは、リーバイスの501に合うか合わないかをルールにしていた。そのくらいに僕にとって501はスタンダードだった。当時アメリカでは'40年代や'50年代のビンテージが少しの苦労で探せたので、革パッチの501などを当たり前のように普段穿きしていた。日本に持ち帰って、代々木公園のフリーマーケットで売れば、わずかな元手がすぐに大金になって、いい小遣い稼ぎにもなった。

ビンテージと呼ばれるデニムをいろいろと穿いたけれど、やっぱり501が僕にはしっくりくる。今ならボタンダウンのシャツをインして、短めにロールアップして穿きたい。そんな気分になったので手元に残っている501をクローゼットから出した。すると、糸がところどころほつれていた。毎年、夏に穿くLeeのウエスターナーもほころびが沢山あった。

古い友人の塩原啓行さんが、ビンテージデニムのリペア工房『SWAMP JEANS』を1年前に開業したことを思い出した。塩原さんとは、僕が本屋をはじめた頃に出会い、互いに好きな古きよき時代のアメリカのメンズウエアの魅力を語りあった仲だった。塩原さんにはメンズモード雑誌『アパレル・アーツ』の1931年創刊号から10年分のバックナンバーを買ってもらったこともあった。ビンテージデニムは糸が切れはじめるとダメージの進みが早い。ということで、塩原さんにリペアをお願いしようと思った。

『SWAMP JEANS』は、店舗がなく、ウエブサイトで注文を受けるシステムになっていて、塩原さんは自宅を工房にしていた。すそ上げ専用ミシンのユニオンスペシャルはよく手入れされていて、使用する糸もマニアックに吟味され、あらゆるお客の要望にこたえられるように、道具や材料が整えられていた。一人でやっているので数を沢山こなすことはできないが、「一つひとつお客さんに喜んでもらえるように工夫してリペアするのが楽しい」と塩原さんは言った。僕のデニムもそんなふうにリペアしてくれるのかと思うと、仕上がりが楽しみでわくわくする。

塩原さんは、分厚い帆布のボディにビンテージのエプロンを縫い込んだ、オリジナルのトートバッグを見せてくれた。リペアの合間に作っているという。それがとてもよかった。近々、展示会を設けて注文を受けるらしい。

僕は塩原さんと下北沢に出かけることにした。塩原さんお気に入りの『TRADE☆MARK』という古着屋があるという。古着屋に行くなんて久しぶりで小躍りした。塩原さんは、ビンテージのミシン糸と、デッドストックのエプロンを買った。僕はベースボールキャップを選び切れなくて、また来ようと思い、店を後にした。

帰り道、「これで何を作ろうかな」と塩原さんは少年のような目を輝かせていた。

創刊号ではブルックスブラザーズを特集。

イラストレーションの黄金期なのです。

ハーパースバザー1938年3月号。A.M.カッサンドルのミシンの表紙

象やトラ、ラクダのマークのあるビンテージバンダナ

駒沢大学

SWAMP JEANS《スワンプ ジーンズ》

ダメージの修理には大きさに合わせて特殊な糸を使用し、その部分だけ生地が硬くならないように工夫されている。修理はHPで受け付け。商品を受け取ってから見積もり。三軒茶屋から駒沢大学へ移転。HP：www.swamp-jeans.com　連絡先：contact@swamp-jeans.com

下北沢

TRADE☆MARK《トレードマーク》

さまざまな年代のヴィンテージが揃い、タグに発売時期の年代やメーカー、ブランド名が書かれていることが多く、見ているだけでも楽しい。
◯東京都世田谷区北沢2-23-12 アドレス下北沢1F　☎03·3418·8428
12:00〜21:00　無休

三軒茶屋のアーモンド洋菓子店本店。絶品、小枝のとろーり生チョコ
おどろきのうまさ。

かならず食べたい
ソフトクリーム。
バニラ。

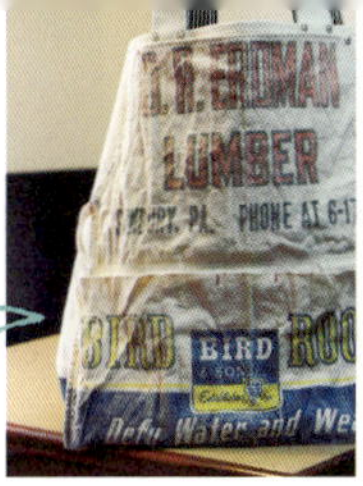

すべてが
ハンドメイド。

ビンテージのエプロンや、
ファブリックを使った
オリジナルトートバッグ。

これぞ
"ユニオンスペシャル"

生地
の
スワッチが
ページに
ついている

1930'Sの
Apparel Arts.
ファッション
イラストレーターの
フェローズによる
ファッションページ。
とにかく、
なにもかも
イラストで見せる
スピリット。

ミシンを踏む塩原さん。

すそ上げは全て
チェーンステッチで仕上げる。
イエローステッチは何種類
もあり、こだわりは深い。

1940'S
LEVI'S 501 XX.
革パッチ、片面ビッグE。
今やコレクターズ
アイテム。

上質なアメリカの古着を
そろえるTRADE☆MARK。
古着だけでなく、ビンテージの
生活雑貨も充実している。

塩原さんが買った
ビンテージのエプロン。
デッドストック。

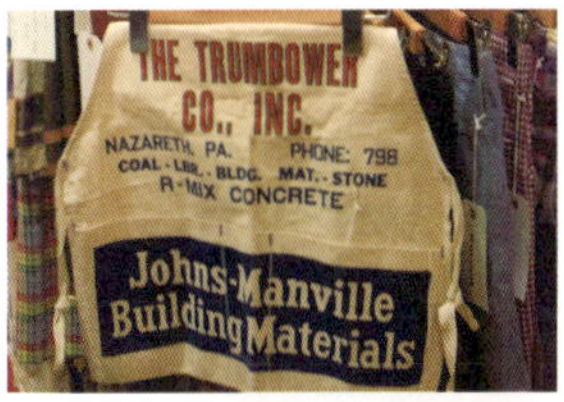

1970'Sのトップサイダーや
ニューバランスの320もあった。
L.L.Beanのビーンブーツも
あったぞ。

ニューズ
ボーイ
バッグ
発見。

1960'S
サンフランシスコ
ジャイアンツの
キャップ

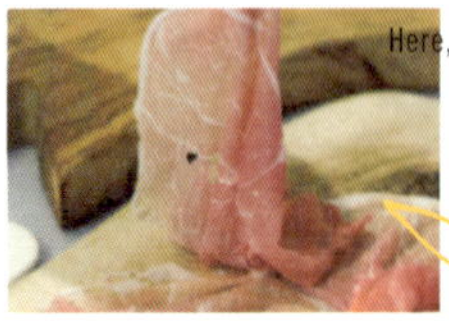
パルミジャーノと
生ハムも
最高です。

おいしいもの
だらけです！

外国で買い物をするみたいな楽しさがある。そんな店には、必ずすてきな人がいるんだ。

日本に居ながらにして、外国気分を味わえる店が好きだ。なぜならそういった店は、お客との対面販売を大切にしているからだ。いわば、知りたいことを、聞けば聞くほどに、ひとつも嫌な顔などせず大層喜ばれて、こちらが聞いたこと以上のことをたっぷりと話してくれる。

ある日、北イタリアのピエモント州トリノを旅した知人から、ジャンドゥイオッティという、ヘーゼルナッツのチョコレートをお土産にもらった。知人が訪れたカネッリという街は、おいしいヘーゼルナッツの名産で知られ、知人はそのジャンドゥイオッティを食べ比べして過ごしたという。とはいえ、「はい」と渡されたのは小さなチョコレートが三つ。カタチがそれぞれ微妙に違っていた。「いろいろ食べ比べて、この『ア・ジョルダーノ』のジャンドゥイオッティが一番おいしかった。機械でこねたもの、手でこねたもの、手でこねてヘーゼルナッツの粒をいれたもの、「この三種類。どれが一番好き？」」と聞かれた。ひと口すると、味わったことのないヘーゼルナッツの風味がふわりと口中に広がり、そのリッチな甘みにめまいがした。実においしい。一番おいしかったのは「手でこねたもの」だった。「もっと食べたい」と、知人に言うと、「全部食べてしまって、もうない」と言われ肩を落とした。

そんな「ア・ジョルダーノ」のジャンドゥイオッティが、日本で買えるとわかったときは夢かと思って頬をつねった。東京・駒場のイタリア食材厳選の店『ピアッティ』は、店主の岡田さんがイタリア中を歩きまわり、苦労の末に輸入した絶品の食材で溢れた、まさにイタリアの田舎にありそうなサルメリーヤ（チーズや肉の加工品を売る店）の名店である。ジャンドゥイオッティが買えると、知人に教えたら、あんな田舎にある小さなお菓子屋のチョコレートが、日本に輸入されているわけがないと信じない。しかし、ほんとうに買えるから驚きである。知人の頬をつねってやりたい。まさに、日本に居ながらにしてイタリアを味わえる。そんな店だからこそ、ジャンドゥイオッティ以外の、イタリアングルメの品揃えにも打ちのめされた。何より店主の岡田さんの愉快なうんちくを賞賛したい。毎日でも訪れたい気持ちを抑えるのが大変だ。www.piatti.jpをブックマーク。

イギリスとフランスのアンティーク家具を扱う『DEMODE 10』のセンスにはいつも感心している。ここも空気がヨーロッパのどこかの街のようで、店の人とのやりとりが楽しいのは言うまでもない。欲しいものだらけでいつも困る。こんな散歩のような、外国旅行は実に楽しい。

高さ1メートル、
レーニンの像

駒場

PIATTI《ピアッティ》

シチリアに暮らした経験もある、イタリアを愛するオーナーが12年前にオープンしたイタリア食材店。こだわりのチーズ、生ハムやドライトマトが並ぶ。◯東京都目黒区駒場4-2-17 清水ビル1F ☎03･3468･6542 11:00〜20:00 月・火休（祝日の場合は営業）

駒場

DEMODE 10《デモデ テン》

ヨーロッパ各地で買い付けたアンティークの家具や雑貨が揃う。時を経た雰囲気を残しつつ丁寧に修復された家具は、長く愛用したくなるものばかり。淡島通り沿いで松見坂交差点近く。◯東京都目黒区駒場1-16-7 SHビル駒場1F ☎03･3467･1867 11:00〜20:00 無休

ピアッティとは、おいしい料理がたくさん!!という意味です。

おいしい食べ方もおしえてくれる。

イタリアが好きで好きでたまらないという岡田幸司さん

おすすめのドライトマト。シチリア産。

サン・ドンニーノ社のバルサミコ酢が絶品。

口の中で溶けるおいしさ。ショリエレ・イン・ボッカ!

サン・ニコラ社の生ハムです。

これがジャンドゥイオッティ。

これは、機械こね

手こねで粒々入り

一番おいしい手こねです。オロと呼びます。

マリオネットとか、小物のセンスが、とてもいい。

ウィンザーチェアが欲しい!! 右から2番目の。

人が人のために作った道具は美しい。そういう気づきを教えてくれるすてきな店です。

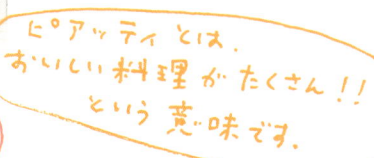

ごちそうばかり

レアなミッキーマウス発見。

有楽町の線路脇にあります。佇いがとてもいい

二週間に一度、必ず通う店があるというのは、なかなかすてきなことだと思うんだ。

髪は伸びる前に切れ、と父に言われて育ったせいで、どんなに忙しくても二週間に一度、理容店に行っている。理容店には、朝一番に行け、というのも父の教えなのでそれを守っている。

こんなふうに書くと、とても大変で面倒と思えるのだが、行きつけの理容店は銀座にある。二週間に一度、銀座をぶらつくと思うと、忙しい中の気分転換として役立っている。理容店の施術はぴったり一時間半で終わるから、その足で昼飯を食べに行くのが楽しみのひとつだ。

銀座あたりは、選り取り見取りでおいしいものを食べられるけれど、髪を切った後は、有楽町の『慶楽』と決めて何年も経つ。

昭和二十五年創業の『慶楽』は、広東料理で知られた老舗である。何が好きでここに通っているかというと、メニューの豊富さと、あれこれとその日の気分で自分好みの料理を作ってもらえるところ。そして、中国で食べるのと変わらぬ昔ながらの広東料理のおいしさである。

人気メニューに、上湯炒飯（スープチャーハン）がある。これはチャーハンにたっぷりとスープをかけたものでとびきりうまい。広東は亜熱帯でとても暑く、水分補給の為、日々の料理にスープは欠かせない。よって日本のお茶漬けみたいな料理がたくさんあるという。しかし、そんな上湯炒飯の誕生秘話を知る人は少ない。

初代の頃、麻雀屋への出前でチャーハンを持っていくと、テーブルが小さいからスープが置けず、スープを無しにしたところ、やっぱりスープが欲しいと客に言われた。それならスープを上からかければいいと思いつき、そうしてみたらとても喜ばれて、いつしか店の看板料理のひとつになったという。サンドイッチと同じ発想なのが愉快である。そんな上湯炒飯をずっと食べ続けてきたけれど、最近は白身魚を揚げた具を使った魚片炒麺（魚の焼きそば）が昼飯の定番になっている。もちろん夜だって一度も後悔したことがないうまい店である。

昼飯の後に行くところがある。「銀座ファイブ」の二階にあるアンティーク屋『CROA』だ。ご主人の黒崎新二さんは十五年以上ロンドンでアンティーク屋を営んでいた方で、クマやネコ、イヌ、ウサギ、フクロウなど、動物モチーフのアンティークが専門である。人形やぬいぐるみ、テディベアなど、とにかく珍しくて貴重なものが満載で、まるで小さな博物館である。

僕は今、古いシュタイフのテディベアや、イギリスのグッド・ラック・キャット（幸運を呼ぶ黒猫の置き物）が欲しいと思って品定めしているところ。

銀座でアンティークというと敷居が高そうだけれど、『CROA』は黒崎さんのやさしい人柄に溢れた通いやすい店である。

Good Luck!

有楽町

慶楽《けいらく》

戦後まもなくオープンし、伝統的な広東料理の味を守っている中華料理店で、中国の大使館職員なども通う。異国気分に浸れる店内の雰囲気も魅力。飲食店の並ぶ有楽町から新橋のJR高架沿いにある。◯東京都千代田区有楽町1-2-8　☎03･3580･1948　11:30〜22:00（祝21:00・ランチは17:00まで）　日休

銀座

CROA《クロア》

イギリスを中心にヨーロッパ、日本で買い付けたアンティークの小物が小さな店内を埋め尽くしている。30万円近い価格の貴重なヴィンテージ玩具も。『慶楽』から歩いて数分にある銀座ファイブの、アート系ショップが並ぶ2階。◯東京都中央区銀座5-1 銀座ファイブ2F　☎03･5568･0023　12:00〜19:00　無休

これぞスープチャーハン

おなか一杯になる

海鮮炒め

魚のやきそばおすすめです

デザートは甘草ゼリー

2代目の區傳順さん

1950年代のビンテージシュタイフ

キューピーのおなかに幸運の黒ネコ

アンティークウォッチもたくさんあります

こいつは古いぞ

テディベアのラトル(ガラガラ)1900年頃です

小さいのにニットを着てるテディベア

ここにもネコが

普段は上がれない
2階席からの眺めです。

中村屋の
紋章には、
深い意味が
あります。

大笑いして、そのあとカリーを食べよう。こんなふうに僕はいつも彼女を誘うんだ。

幼い頃、新宿の歌舞伎町にほど近い中野区の鍋屋横丁に暮らしていた。家は風呂なしのいわゆる長屋で、向こう三軒両隣とは家族のように親しかった。隠しごとができない暮らしとでもいおうか、新聞をめくる音から夫婦喧嘩まですべて筒抜けでそんな騒がしさが当時の僕には心地よかった。

「新宿末廣亭」にはじめて行ったのは七歳の時だ。柳家一門の誰かの噺をはじめて聞いた時、これは自分の日々の暮らしそのものだとお腹を抱えて笑った。長屋暮らしというのは人情噺に満ちているからだ。落語を面白がる僕を見た父は、「新宿末廣亭」に行く時は僕をカバン持ち代わりに連れていった。

1897年創業の「新宿末廣亭」は、東京に四カ所しかない落語の定席のひとつ。他の定席がビル化していく中で、木造建屋の「新宿末廣亭」は、江戸情緒がたっぷりと残っていてファンも多い。

火鉢に障子戸、畳敷きの楽屋

落語は大抵、昼の部と夜の部に分かれていて、「新宿末廣亭」の昼の部は12時からはじまる。午前11時になると常連が入口に並びだし、入場できる11時40分になると、いつしか列はずらりと増えている。常連たちは皆、自分の好きな席があり、そこに座るために並ぶのだ。ちなみに一番人気の席は最前列の両端である。昼夜入替がないので、弁当やお菓子を食べながら、夜の9時まで楽しむ人も多い。三味線や太鼓の音、落語家の語り口調、舞台と客席のなごやかな一体感は、落語ならではの妙味である。

僕は今でも、月に何度か「新宿末廣亭」に通っている。大笑いしに落語を聞きに行こう、と好きな人を誘う時がある。連れて行くとみんな喜んでくれる。ちなみに「新宿末廣亭」は、新宿区の地域文化財にも認定されている。今回、前座に上がった、柳家花どんの噺をはじめて聞いた。声に惚れたので、贔屓したいと思った。

新宿といえば『新宿中村屋』である。僕はそれこそ40年も通っている。『新宿中村屋』は松浦家の行きつけの店だからだ。『新宿中村屋』といえばカリーである。しかもコールマンカリーである。いつか大人になって自分で働いたお金で『新宿中村屋』のコールマンカリーをお腹一杯食べるのが、幼い頃からの夢だった。ちなみにコールマンカリーは新宿の本店でしか食べられない。名前はチキンコルマという鶏肉の煮込み料理が由来だという。上質な骨付きチキンの味わい、トマトとヨーグルトによるまろやかな口当たりが実にうまい。

パン屋からはじまり、のちに中村屋サロンと呼ばれる文化支援など、『新宿中村屋』の百余年の歴史は、一言で言い尽くせぬ物語がある。

落語で大笑いし、カリーに舌鼓を打つ。なんてしあわせなのだろう、と今日も目をつむる。

新宿

新宿末廣亭《しんじゅくすえひろてい》

毎月、上席（1～10日）、中席（11～20日）、下席（20～30日）の公演が行われている。入場料金は一般3000円、学生2500円※ともに税込み。
◯東京都新宿区新宿3-6-12　☎03･3351･2974　昼の部12:00～16:30（開場11:40）、夜の部17:00～21:00　http://suehirotei.com

新宿

レストラン＆カフェ Manna《マンナ》
新宿中村屋《しんじゅくなかむらや》

明治34年にパン屋として開業し、昭和２年から現在まで純印度式カリーを提供し続ける老舗。純印度式カリー￥1,620、コールマンカリー￥1,944。◯東京都新宿区新宿3-26-13 新宿中村屋ビルB2　☎03･5362･7501　11:00～22:00、金・土・祝前日～22:30　不定休

新宿末廣亭は明治時代から続く定席です。

前座の柳家花どんさん。なかなかの噺でした。

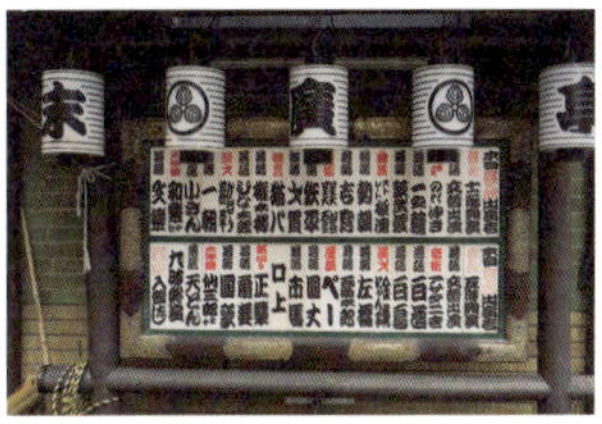

独特な寄席文字で書かれた名札です。

昼の部のトリは、桂文楽さんでした。

まずはライスの上に粉チーズをたっぷりかけて、ルーは半分をのせる。これが僕流のコールマンカリーの食べ方

骨付きチキンがおいしいコールマンカリー

中村屋のカリーは、恋と革命の味です。

オニオンチャツネ、らっきょう、短キュウリのアグレッツィはロシアの漬物。そして、マンゴーチャツネ。

写真で巡る中村屋の歴史

中村屋サロンゆかりの絵画

こちらは純印度式カリー。コールマンカリーより黄色く、スパイシー

博物館級の逸品。グレッグ ノール サーフボード、60年代 ヴィンテージの頂点です。

湘南で出合った、古きよきサーフカルチャー。

ある日曜日、LAのベニスビーチを歩いた。古いトライアンフやノートンといった、イギリスのヴィンテージ・モーターサイクルがずらりと広場に並んでいた。わぁ、かっこいい、と喜んで近寄っていくと、イベントが行われていた。バイカー主催によるサーフィングッズのフリーマーケットだった。そこには、いかにもサーファーであるという長髪で素足、Tシャツという風体の人は少なくて、きちんとシャツを着て、髪を七三に分け、ブーツや革靴を履いている、バイカーだけど実はサーファーでもあるという人の集いだった。彼らのかっこ良さといったらなかった。しかも、そのイベントでは、'60年代から'70年代のヴィンテージ・サーフボードの販売と交換会がされていた。実際に使う人もいるけれど、それらは今やアートピースとしての価値も高く、魅力的過ぎて、興奮の鼓動が止まらなかった。この時代のサーフカルチャーが懐かしいというよりも、憧れやリスペクト、ライフスタイルとしての美しさに心が反応した。

そんな思いが胸にしまってあったから、ロングボード、ファンボードなど、良質な中古サーフボードを扱う藤沢のサーフショップ『STANDARD STORE』を見つけたときは、飛び上がって喜んだ。ヴィンテージ・サーフボードもあるという。

『STANDARD STORE』は、元工場を改装した天井の高い、広くてゆったりとした店で、常時300本以上のサーフボードが在庫されている。革靴を履いたオーナーの巽さんの、さわやかで、きちんとした身だしなみに好感が持てた。さすが、わかっている。巽さんは「VINTAGE SURF LINE」という、新しいサーフスタイルの提案を様々なイベントで行ってもいる。巽さんの話を聞いたり、ヴィンテージ・サーフボードを見ていたら、その心地よい雰囲気のせいか、ここは日本であることを忘れてしまう自分がいた。巽さんは、まさに古きよき時代にあった、豊かなライフスタイルとしてのサーフカルチャーを、もっとたくさんの人に伝えたいと言った。

お腹が空いたので、巽さんにおすすめの店を教えてもらった。逗子海岸に面した掘っ立て小屋のカフェ『BAREFOOT COFFEE』だ。店の名と、場所を聞いただけで、何も知らずにコーヒーとサンドイッチ、パンケーキを頼んだら、そのおいしさに目が丸くなった。店の二階はテラス席になっていて、逗子海岸が一望でき、素晴らしい居心地だった。オーナーの大本さんは、巽さんの店でロングボードを買ったという。

巽さんも大本さんもサーファーであるけれど、それ以前に、暮らしを大切にする生活者であった。その笑顔が美しかった。

ヴィンテージサーフボードの乗り心地は、車で言うと、クラシックカーのようなもので、個性が豊かで味わいがあるとのこと。

逗子

BAREFOOT《ベアフット》 COFFEE《コーヒー》

店で焙煎しているスペシャリティコーヒーは格別のおいしさ。テイクアウトコーヒー¥330、シングルオリジンコーヒー¥440※ともに税込み。◯神奈川県逗子市新宿1-4-31　☎046・854・4937　営業日、営業時間は、http://www.facebook.com/zushibeachにて確認を。

藤沢

STANDARD《スタンダード》 STORE《ストア》

ユーズドから貴重なヴィンテージまで、人気ブランドのサーフボードが常時350本近く揃えられ、自社工場にて丁寧なリペアがされている。〈パタゴニア〉をはじめ、セレクトアイテムも並んでいる。◯神奈川県藤沢市稲荷1-11-19　☎0466・84・1789　10:30〜19:30　月休

たった10坪のガレージからスタートし、今は100坪のギャラリーストアとなった。

もちろんサーファー。

スタンダードストア、オーナーの笑純一さん。

常時300本のサーフボードが在庫されています。

壁に飾られているのは、60年代のデューク・カハナモク。宝ものです。

60年代のジェフリーデールサーフボード、ベリーボードです。

ヴィンテージサーフボードの品ぞろえに驚きます。すごいなあ……。

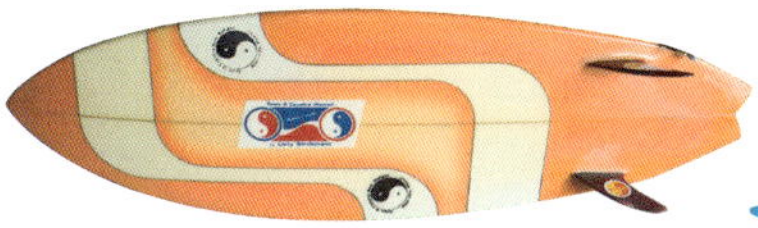

タウン&カントリー70年代のテリー・バートルマンシエイプ。まさにヴィンテージ。

もちろんサーファー。

そして、コーヒー職人。

ふわふわパンケーキのランチセットです。スクランブルエッグとベーコン、ミニサラダ付。

自家焙煎コーヒー自慢のベアフットコーヒーが地元で愛されてます。

ベアフットコーヒーオーナーの大本弘樹さん

この日のオススメはマンデリン。すっきりしていておいしい。

ターキー、ベーコン、チーズ、トマト、レタスなどボリュームたっぷり。ダブルサンドイッチ。絶品です。

明治35年に刀剣商として開業

僕の買ったダマスカス鋼のペティナイフ

鎌倉で切れ味抜群の包丁を買い、横浜中華街で舌鼓を打つしあわせ。

「男子厨房に入らず」。これは『孟子』の「君子、庖厨を遠ざくる也」が元になっている。料理における動物の殺生を、心優しき君主に気遣いさせないために、台所には近づかせないという意味である。しかし日本では、男子たるもの料理をするべきでないという、男尊女卑的な意味で捉えられているから誤解を解きたい。料理に、男がどうの女がどうのと、こだわるのは、まったくもっておかしいのである。

ある日、料理家の渡辺有子さんの家に伺い、台所仕事を見せてもらった。いかにも切れ味の良さそうな菜切り包丁があった。鎌倉の『菊一』で求めたもので、怖いくらいに切れる包丁だと教えてくれた。包丁の刃に、ぞくっとする艶やかさがあった。僕は一目で気に入ってしまった。

『菊一』には、「とぎ」と書かれた暖簾が下がっていた。昔ながらの職人の仕事場という趣で、専門は打ち刃物と刃物研磨。鎌倉彫の職人が使う彫刻刀や、大工道具なども棚には並び、短刀を含む日本刀も立てかけてあった。ご主人と息子さんが、あぐらをかいて黙々と刃物を研いでいた。単なる包丁欲しさで来てしまったのが気恥ずかしくなった。そんな気持ちを誤魔化しながら物色していたら、ぞくっとする刃を持ったペティナイフがあった。それは木目のような美しい模様を持ったダマスカス鋼製で、包丁というよりも小さな刀だった。ご主人に「これを」と渡すと、「研ぎましょう」と言って、水をかけ、向きを変えたり、裏返したりし、丹念に研いでくれた。「切れなくなったらいつでも持ってきてください」とご主人は言った。そうこうしていたら、近所の主婦らしき人が新聞紙に包んだ包丁を「よろしく」と置いていった。

早速リンゴの皮をむいてみた。こんなにスルスルとむけるのかと驚いた。切れる包丁を使うと料理が楽しくなる。そして、腕も上がるように思った。

鎌倉に行った帰りに必ず立ち寄るのが横浜中華街である。行く店は決まっていて、浮気をしたことがない。東門近くにある上海料理店『桃源邨』である。店主の石川美知子さんの愛情たっぷりの家庭料理を一度食べたら他の店には行けなくなる。まずは、豆乳と豆腐のスープ「豆腐ジャン」と「油条」、そして「もち米おにぎり」を注文。実にうまい。揚げパンの「油条」を「豆腐ジャン」につけて食べる。「もち米おにぎり」は、具に油条とザーサイが入っていて、手で揉みながら食べる。決してちぎったりしてはいけない。そうすると『桃源邨』と縁が切れるというから注意したい。もちろん、何を食べてもうまいから、お腹を空かせて行くといい。冬は上海蟹があるから何度も通うことになる。『桃源邨』は、横浜中華街の老舗の名店である。僕は本当に大好きだ。

由比ガ浜

菊一伊助商店《きくいちいすけしょうてん》

明治35年に横浜で創業。現在、鎌倉のお店には台所用の包丁や彫刻刀がずらりと並び、地元をはじめ全国から研ぎの依頼がある。鎌倉駅から歩いて10分ほどで、六地蔵交差点の近く。◯神奈川県鎌倉市由比ガ浜1-3-7　☎0467・23・0122　9:00〜19:00　水休

元町

桃源邨《とうけんとん》

油条と焼餅の専門店として昭和35年に開業した、12席だけの小さな店舗。冬は上海蟹が人気。豆腐ジャン¥540、油条¥210、もち米おにぎり¥400〜※すべて税込み。◯神奈川県横浜市中区山下町165　☎045・651・0927　13:00〜21:00（LO20:30）、土・日・祝12:30〜　月休

菊一公明さん

研ぎ待ちしている
包丁や刃物に
かこまれている

見よ！
日本刀がある

カンナやノミ、
美しい大工道具。
かっこいい。

これは
切れる！

左にあるのが
菜切り包丁
です

ハサミも
よく切れそうだ

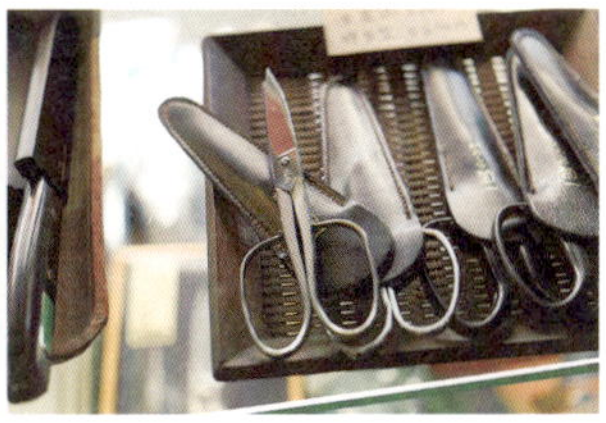

砥石は
種類を
変えて
研ぎます

青菜炒め。

やみつきになります

日本ではここだけ。
豆腐ジャンです

石川美知子さん

中華街東門、
ローズホテル前

麻婆豆腐も
油条と一緒に
食べます

デザートは、元宵という、
白玉・お汁だんご。

チャーシューと
たまご炒め。
ふわふわです

もち米おにぎりの
中は こうなっている

竜文切手48文、
日本で最初に発行された
切手です。精巧な
手彫りです.

手彫り切手は
使用済でも.
大変希少です.
旭スタンプさん

日本では
1929~1953年
まで
発行された
航空切手

おいしいインド料理店を見つけたと、あの人へ手紙に書いて送りたい。

今はもう無いが、『BLACK OAK』という古書店が、サンフランシスコのノースビーチにあった。窓からの陽がよく当たるカウンターに小さなガラスケースが置かれていて、日本の古い切手が並んでいた。その中を覗くと、とても希少な「逓信記念日制定小型シート」があった。値段は八百ドルだった。驚いた僕は、なぜこんな珍しい切手を売っているのかと店主に聞くと、近所に暮らしていた日本人の老人のコレクションを買い取ったと話してくれた。「逓信記念日制定小型シート」とは、航空切手四枚が一枚のシートになった、1934年に日本で初めて発行された記念シートである。アメリカにも日本の切手コレクターがたくさんいて、特に飛行機モチーフは人気だから集めていると店主は言った。

僕は子どもの頃、切手蒐集をしていた。飛行機モチーフといえば航空切手である。芦ノ湖、キジ、五重塔、立山、ハト、コイル、愛国など、手彫りの凹版印刷の美しい航空切手はたくさんある。通常切手に石版で複葉機の図柄を加刷した「飛行郵便試行記念」は、日本最初の航空切手で一番希少なものだが、僕は本物を一枚（偽物が多い）、祖父からもらって持っている。

そんな僕が、昔から通い詰めているのが、九軒の切手商が集まった、新宿切手センターである。もちろん大好きな航空切手はほとんど揃っているからいつでも見ることができる。切手好きには夢のような場所である。

気に入ったデザインや絵柄の少し前の記念切手をここで買って使うと、送り主にとても喜ばれるから、普段使いの切手は郵便局で買わずに新宿切手センターで買うことにしている。そんな切手選びも最近は楽しい。

新宿の十二社《じゅうにそう》は、もともと花街で今でも下町風情が残った街である。切手蒐集をしていた子どもの頃、僕は中野新橋に住んでいて、柔道を習う為に、十二社にある道場まで通っていた。道場はもう無くなっているが、その道場があった場所の目の前に、『コチン ニヴァース』というインド料理店がオープンしたのは7年前だ。暮しの手帖社が近いせいもあり、そのインド料理店にはランチに何度も訪れ、とびきりおいしいキーマカリーにやみつきになっている。

そんなある日、東京カリ~番長の水野仁輔さんに東京で一番おいしいインド料理店はどこかと聞いてみたら、迷うこと無く『コチン ニヴァース』と答えた。やっぱりそうかと思った。

シェフである南インド出身のラメッシュさんが作るインド家庭料理は、カレー好き、野菜好きの僕にぴったりである。生クリームとバターを使っていないから、あっさりしていてやさしい味なのがいい。こんなにおいしいインド料理店はみんなに教えたい。

切手コレクションが
再燃な
今日この頃
です.
こちらも小林スタンプさん

新宿

新宿切手センター《しんじゅくきって》

『中川スタンプコイン商会』『小林スタンプ』など9軒がワンフロアに集まっている。店ごとに特徴があり、さまざまなジャンルの切手が手に入る。都営大江戸線の新宿駅からすぐ。○東京都渋谷区代々木2-7-5 中島第2ビル3F ☎03·3379·3302 10:30～18:00 月、第3火休

西新宿

COCHIN NIVAS《コチン ニヴァース》

南インド出身のシェフ、ラメッシュさんは、チェンナイのホテルや日本のレストランで腕をふるってきた。南インド料理を中心にオリジナルメニューが人気。○東京都新宿区西新宿5-9-17 ☎03·5388·4150 11:30～14:30・17:30～21:30 火休 毎年、2月頃に長期休業あり。

ビルの3Fに9軒の店が並んでいます。新宿駅から徒歩3分

これぞ逓信記念日制定小型シート ぜひ手に入れたい

希少な航空切手がそろっている。

切手ブームの火つけ役になった趣味週間切手の数々。

有名な見返り美人。

小林スタンプさん

日本語上手なラメッシュさん

日本に来て26年です

食後にオススメ。マンゴーラッシー

青菜のクートゥ。大人気です。ほうれん草と豆のカレー。

とてもおいしい！たきこみごはん風のチキンビリヤニです。

グリーンソースのひき肉カレー。サグキーマカレー

ひよこ豆入りいためライスのブラックチャナプラオ

カジキマグロとキノコのソテー

ニューヨークベーグルとパリのサンドイッチ。本場で修業した二人の味と笑顔。

ニューヨークではじめてベーグルを食べたとき、あまりのおいしさで、それまで生きてきた間の、つらかったことや悲しかったこと、忘れたいこと、そういったものが、きれいさっぱり帳消しになった。それからの僕は毎日ベーグルを食べた。そして食べるたびに、当時20歳だった僕の、何事も思うままにならないいらだちによって固く閉じた心は少しずつ開いていった。お金が無く、たったひとつのベーグルを三日の食事にしたこともあった。そうやって僕は生きていた。

ニューヨークで一番好きだったベーグル屋は『H&H』と『Ess-a-Bagel』で、この二軒のベーグルを冷凍し、日本に持ち帰っていたのが今では懐かしい。ベーグルが大好きだから、ベーグルのことを話し始めると止まらない。僕は今でもベーグルであたまがいっぱいなのだ。

『マルイチベーグル』が代々木上原にあった頃、エブリシングというベーグルを食べて、言葉を失いくちびるを噛んだ。まぎれもないニューヨークベーグルの味だった。それまで日本で食べたベーグルはそこそこおいしいのだけれど、ニューヨークベーグルとは言えなかった。僕は古い友だちと再会し肩を抱かれた気持ちになった。

今『マルイチベーグル』は白金にある。その佇まいと商いの仕方、店の中のいちいち、スタッフの笑顔、もちろんベーグルとベーグルサンドのおいしさなどすべて、オーナーの稲木美穂さんが大切にしていることが、ひとつひとつ現れとなって、たくさんのお客に愛されている。僕もそのうちの一人であるが、どれだけの人がこの店のベーグルに救われているのだろうか。とにかく『マルイチベーグル』に行くと元気を取り戻せるのだ。ベーグルの向こうに、個人という顔がしっかりと見えるからだろう。ベーグルを食べながら僕はその人とおしゃべりをしているような気持ちになる。そして、さみしさもつらさもどこか遠くに吹き飛ばしている。

『シャポー・ド・パイユ』は、朝早く行かなければならないサンドイッチ屋である。行かないと売り切れてしまうからだ。天然酵母を使ったフランスパンで作るサンドイッチは、パリで食べたサンドイッチよりおいしい。嘘ではないほんとうだ。パンはもちろんのこと、ハムやベーコン、マヨネーズ、ジャムなどが自家製なのもおいしさの秘密だ。オーナーシェフのかみおかおさむさんの略歴がおもしろい。20歳の頃、植村直己に憧れ、北海道から鹿児島まで徒歩で縦断したという。そのときにかぶっていたのが麦わら帽子で、店の名前の由来になっている。なんてすてきなんだ。

『マルイチベーグル』も『シャポー・ド・パイユ』も個人商店である。今も昔も僕は個人商店を愛している。自由という看板があるからだ。

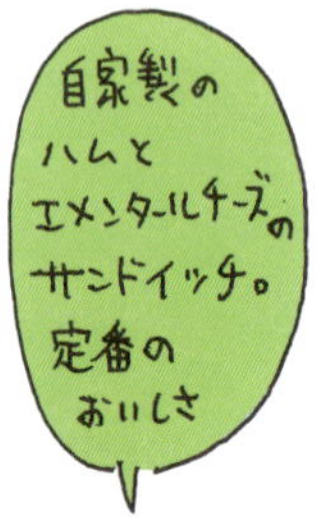

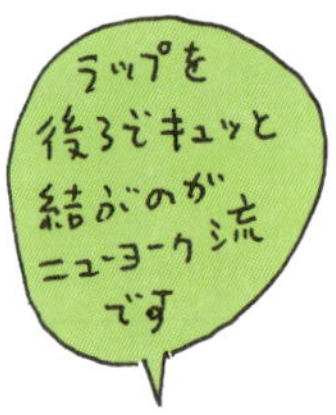

中目黒

CHAPEAU DE《シャポー・ド・》 PAILLE《パイユ》

シェフのかみおかさんは前日から泊まり込んでサンドイッチを作っているが、お昼頃に売り切れることも。月に数回、姫路直送野菜の販売もしている。中目黒駅から徒歩10分。◯東京都目黒区中目黒4-4-10 1F ☎03・6303・0014 7:00〜18:00（売り切れ次第終了） 月・火休

白金高輪

MARUICHI BAGEL《マルイチベーグル》

らせん階段のあるビルの１階。サンドイッチにしたいときは、お店を入って正面に並ぶベーグルの種類を選んでから、挟む具を決める。ベーグル￥210〜。◯東京都港区白金1-15-22 ☎非公開 7:00〜18:00（サンドイッチは10:00〜） 月・火休

オーナーの稲木美穂さん ニューヨークのESS-a-Bagelで修業しました

一番上は小さいベーグル

上から セブングレインハニーイチジク、シナモンレーズン エブリシング。

レタスたっぷりチキンサンド 1/2

①マルイチ

朝7時からベーグルは販売 サンドは10時からです

ベーグルサンドは具材を選んでも作ってもらえます

毎日食べたいベーグルサンド

ボクの一番好きなセブングレインハニーイチジク ニューヨークよりおいしい

オーナーシェフのかみおかおさむさん

エーデルピルツケーゼとはちみつくるみサンド ドイツの青かびチーズです

こちらも朝7時から。サンドが売り切れたら閉店です。

フレンチトーストも人気のおいしさ

季節のジャムのサンドイッチ。リンゴジャムとレーズンクリームチーズ

中目黒の有名なY字路の目の前です

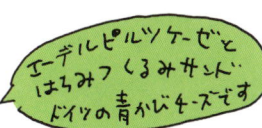

風味本位の
江戸の味。

よりどり
四ヶ
¥1,000

お多福豆

さすが、
江戸を感じさせる
結び目です。

田園調布商店街で買う、うなぎの佃煮とロシアチョコレート。

「あそこに喫茶店があったのよね」

「そういえばあそこにも……」

と、通りすがりのご婦人と昔あった店を懐かしむ立ち話をした。

田園調布商店街のゆるやかな坂を下った先には、昔ながらの古書店『田園りぶらりあ』が今もあり、十数年通っている。サンリオの『いちごの家』は今はもう無い。

老舗『有明家』は、普段使いだけでなく、手土産にすると大層喜ばれるから、とても重宝している佃煮屋である。

デパートで買い求めるおしゃれな手土産もよいけれど、『有明家』のように、庶民的でありながら、他では味わえないおいしさを守り続けている店で包んでもらう手土産は、もらう側のうれしさだけでなく、買う側もうれしくなるから自然と足が向く。

おかずにしたり、おにぎりの具にしたり、おつまみにしたり、おやつにしたりと、『有明家』に並んでいる佃煮は30種を超える。しかもその季節にしか味わえない旬の佃煮もあるので、たとえば「そろそろお多福豆はあるかな」と暖簾をくぐる楽しみもある。

手土産の定番は、国産うなぎを使った「うなぎの佃煮」である。お茶漬けにしたり、そのままでも最高においしいけれど、一緒にごはんを炊くとこれまた絶品である。

おかかの「都味」は、わが家の食卓に欠かせない佃煮である。他にも「あさり煮」「こんぶ巻」「ごぼう佃煮」「たらこ佃煮」「若さぎ甘露煮」などなど大好物がずらりと並ぶ。甘さがちょうどいい「うぐいす豆」は、子どもにも大人気である。春になったら「明石のいかなご佃煮」が買い逃がせませんよ。うまいなんてもんじゃない。「葉唐辛子」もごはんのおかずにはたまらない。「まぐろの角煮」なんて買った日は、他におかずはいらないくらいだ。

二代目の植本征一さんと、奥さんの山崎仲子さん、三代目を継ぐ娘さんの山崎憲枝さんが切り盛りする『有明家』は、若い人にこそ知ってもらいたい一軒である。

ロシアチョコレートで知られる『ローザー洋菓子店』も、田園調布商店街では行きつけの老舗である。ロシアチョコレート専門店は、日本には数軒しかないらしい。いつも買うのは、詰め合わせになった「ミックスチョコレート」と「ミックスクッキー」で、誰にでも喜ばれる手土産のひとつである。単品なら、チョコは「コーヒーチョコレート」で、クッキーは「ウォルナッツドロップクッキー」を選ぶ。ロシアチョコレートは全11種。生ケーキも忘れてはいけない。「ロールケーキ」と「クリームケーキ」が実においしい。

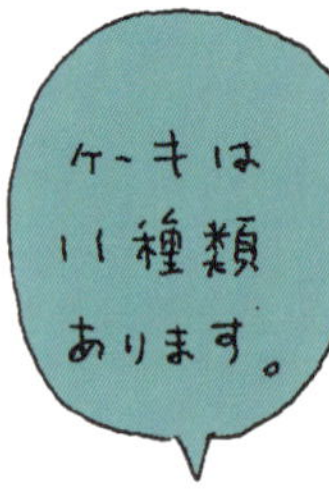
ケーキは
11種類
あります。

ボクの
定番
ココナッツ
ドロップ
クッキー。

田園調布

佃煮《つくだに》・煮豆《にまめ》　有明家《ありあけや》

創業は文久年間（1861〜1863年）。厳選された素材を昔からの調理法で、手間ひまをかけて作る佃煮や煮豆が並ぶ。「うなぎ」が人気。浅利（100g）¥500、7種類の佃煮詰め合わせ¥3,250※ともに税込み。◯東京都大田区田園調布2-51-5　☎03・3721・3334　10:00〜18:30　日休

田園調布

ローザー洋菓子店《ようがしてん》

カラフルな包み紙が人気のロシアチョコレートやバタークリームケーキ、クッキーが揃う。懐かしい雰囲気の店構えやショーケースも魅力。ミックスチョコレート袋詰め合わせ¥1,950〜※税込み。◯東京都大田区田園調布2-48-13　☎03・3721・2662　10:00〜18:30　日・祝休

名物いかなごのくぎ煮

有明家は
田園調布の
商店街にあります。

身体によい
クルミを
おやつにどうぞ。

甘さひかえめ
うぐいす豆。

店主の植本征一さん、
左が伸子さん、
右は三代目の山崎憲枝さん

いろいろと選んで
詰め合わせて
もらえます。

材料は
全て国産です。

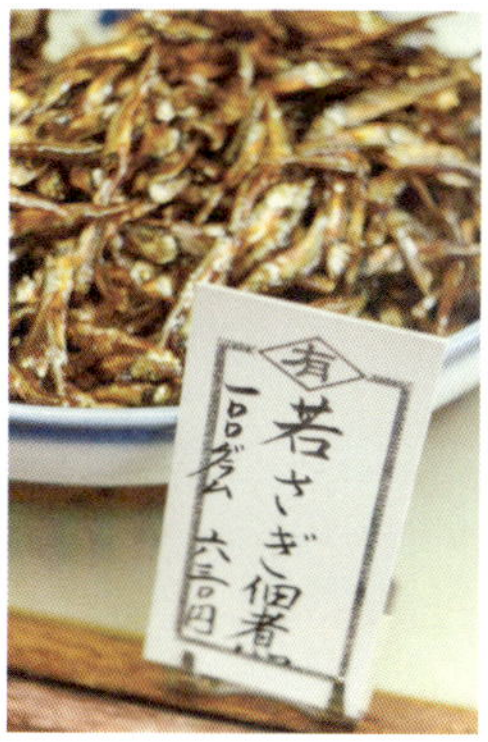

ずらりと並ぶ
およそ30種類の味。

手土産にどうぞ。
トライアンフケーキ。

ミックスクッキー

ミックスチョコレート

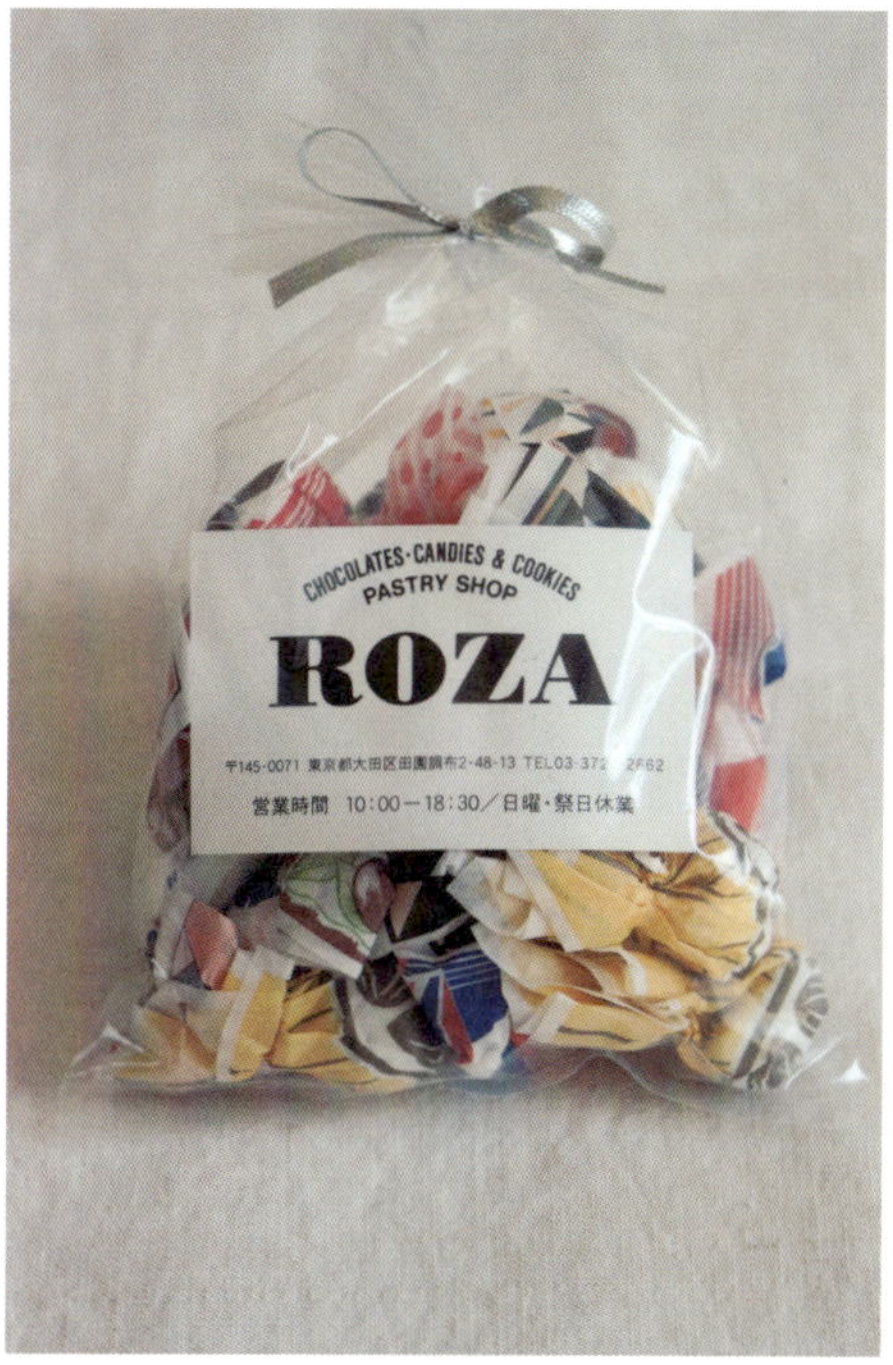

ローザーと
言えば
ロシア
チョコレート。

チョコレートは
11種、
クッキーは13種
あります

その名も
ウォルナッツ
ロックンケーキ。

湯気のあがる豆大福をドーン。

大門けやき並木をぶらぶらと歩きます

とっておきの豆大福をほおばり、駄菓子を買って、カレーを食べて帰る散歩道。

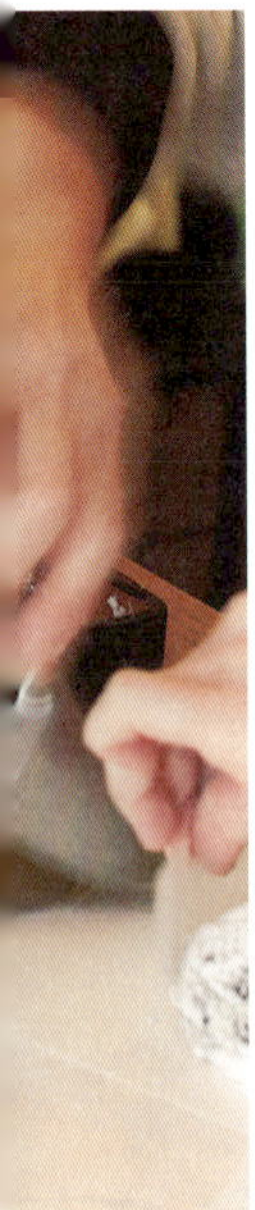

豆大福は『群林堂』がいちばんうまい。

しっとりふわふわな餅は、かみ心地がよく、絶妙な固さに炊かれた赤エンドウ豆の、加減のよい風味は、目を閉じて味わう妙がある。そして、たっぷりと詰まった粒あんの、なんとも上品な甘さといったら、一口で、顔も心もほころぶうまさで、ひとつ食べると、ああ、もうひとつ食べたい、そして、もうひとつと、タガが外れたように食べてしまう、『群林堂』の豆大福は、ある種、あぶない豆大福である。

次から次へと出来たてホヤホヤを売るのが『群林堂』の流儀である。手土産にいくつか（いつも十個）を包んでもらい、それとは別に、行儀が悪いと思いつつも、店の前で立ったまま食べたいがために、二、三個を袋でもらうのがやめられない。出来たてはあったかくてやわらかいんだ、とにかく。口のまわりが真っ白になるけれど、出来たてのうまさには代えられない。

そんなふうだから、午後遅めに訪れて、「豆大福は売り切れました」と書かれた札を見た時の落胆といったらない。泣きたくなる。入用の時は、午前中に行って、列に並ぶ覚悟（といってもすぐに順番はやってくる）で行く。

さらに、手土産の時はあわててしまう。なぜかと言うと、出来たてホヤホヤを早く食べてもらいたいから、買った途端に自然と足早になる。「どうぞ召し上がってください」と渡した時も、そのまま置かれてしまっては出来たてが台無しになるので「包みを早く開けて食べてください」とうるさく催促をせざるえない。包みを開けると、包み紙がしっとり濡れているのがまたいいんだ。豆大福が「開けてくれてありがとう」と言っているようで。だから、『群林堂』の豆大福は、買うのも大変だけど、食べるのも大変。その大変さがなんだか嬉しくて、口角上げて喜んでいる自分がいる。

手土産を買った日はあわてて帰るけれど、そうでなければ散歩がてらに、雑司が谷の鬼子母神堂にお参りに行き、安産、子育ての神様に手を合わせる。

鬼子母神堂の参道沿いには、知る人ぞ知る、駄菓子屋『上川口屋』がある。とても古くからある老舗の駄菓子屋で、店主の内山雅代さんと、片目の猫「石松」が今も店を守っている。駄菓子の定番、蜜あんずや梅ジャム、ラムネ、串に刺したイカなど、あれもこれもと駄菓子を好きなだけ買うと、大人になるってすてきなことだなと実感する。

時間が許せば、目白駅までのんびり歩き、行きつけにしている『志むら』の二階で、野菜カレーを食べる。すると、「よし、今日もがんばろう」と思えるのだ。

志むらの野菜カレーはルーがたっぷり。ヘルシーです

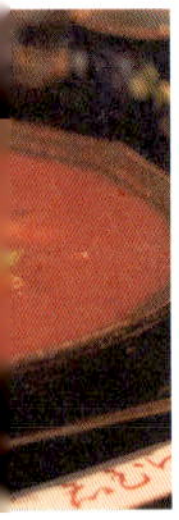

護国寺

群林堂《ぐんりんどう》

創業は大正初期。講談社の前にあり、吉川英治や松本清張などの作家への手土産としても重宝されてきた。当日製造、当日販売にこだわっている。豆大福￥170※税込み。◯東京都文京区音羽2-1-2　☎03･3941･8281　9:30～17:00※売り切れ次第終了　日休

雑司が谷

上川口屋《かみかわぐちや》

昔ながらの店構えも貴重な駄菓子屋さん。ポン菓子や飴玉などの懐かしいお菓子が並び、近所の子供たちが買い物に来る。スタジオジブリのアニメ『おもひでぽろぽろ』にも、この店がモデルの駄菓子屋が登場。◯東京都豊島区雑司が谷3-15-20　10:00～17:00　悪天候の日は休み

三島由紀夫や松本清張らに愛された豆大福

店主の池田正一さん

朝5時から作り始めて、午後2時には完売します

小豆は十勝産、赤えんどう豆は富良野産。厳選の材料です。

1個170円です。

手仕事の味。どんどんと売れていく！

創業大正5年

日持ちは当日限り。添加物や人工甘味料など使っていません。

なつかしい駄菓子ばかり並んでいます

参道沿いに長年あり続ける駄菓子屋さん。

雑司ヶ谷案内処のマスコット凧ちゃん。

店主の内山雅代さんと石松。

高さ約33m 天然記念物の大いちょう

MARK IN カルマンギア 60'S

いなりの中身は五目寿司です

Here, There and Everywhere

子どもの頃を思い出す『四国屋』のうどんと、『レトロ・モビル』のミニカー。

忘れられない味がある。生まれ育った新中野にある『四国屋』のうどんだ。初めて食べたのは中学二年の時。夜中に家を抜け出して、悪友と待ち合わせして暖簾をくぐった。『四国屋』のうどんは、食べたことのない本場香川の味だった。食べ終って「ごちそうさま」と言うと、ご主人は子どもの僕らに「ありがとう」と言ってくれた。

ある日、店に見たことのある女の子がいて思わず目をこすった。小学校二年の時に転校してしまった初恋の相手だった。『四国屋』の娘さんだったのだ。僕は妙に気恥ずかしくなって、店のカウンターに顔を沈めてうどんをすすった。

今『四国屋』は当時の場所からすぐ近所に移転し、創業五十二年の老舗となった。僕が最初に食べた日から三十六年も経っている。

ここ二十年くらいはほとんど食べに行っていなかったが、『四国屋』のうどんの味ははっきりと思い出せる。いや、忘れられない。味という記憶がこんなにはっきりと残っていることに感動すら覚える。そのくらいに『四国屋』のうどんは、人の心を打つうまさに満ちている。

今も昔も『四国屋』では「きざみうどん」を頼む。刻んだ揚げと九条ねぎがたっぷり入っていて、東京では滅多に食べられない西の味である。機械に頼らず、できるだけ手を動かして作ることを大切にしている二代目の店主、山橋篤美さんが作る絶品うどん。それは僕にとってふるさとの味だ。そういう味が今でも残っていることに心から感謝をしたい。

東中野の『レトロ・モビル』。六十年代を中心にしたヴィンテージ・ミニカーの専門店である。コーギー、ディンキー、ソリド、ポリトーイなど、イギリスやフランスのコレクタブルなミニカーの品揃えは日本一と言ってもいいだろう。世界中のコレクターが、店主の山内一夫さんと話がしたくてやってくる知る人ぞ知る店である。

イギリスのコーギーは仕掛けに凝っているとか、レアなのはフランスのディンキーであるとか、ワーゲンやシトロエンDS、ミニクーパーの変わり種やら、子どもの頃に遊んだバット・モービルなど、こちらが何か聞いたりすると、親切丁寧に話をしてくれるからどうしても店の滞在時間が長くなってしまう。そして、こんなものあんなものを、手にとって見せてくれるから、いつしか子どもの頃の自分に戻ってしまう。憧れのランボルギーニ・ミウラは、新車として発表された時代に、しっかりとミニカーも作られていて、その当時のものが一番プロポーションもよく、細かな部分も精密に作られているという。本物は買えないがミニカーならオリジナルが買える。

CORGI ロータス・エランS2 カッコイイ！

新中野
四国屋 (しこくや)

昔ながらの讃岐うどんの製法を守り続ける、東京では貴重なお店。1962年に製麺所として開店した。いなり寿司は100円（税込み）。中野通りの十貫坂上交差点近く。○東京都中野区本町4-36-3 ☎03-3380-4598 11:30～15:00・18:30～23:00頃 日・祝休

東中野
RETRO・MOBILE (レトロ・モビル)

日本で唯一といえるヴィンテージミニカーの専門店で、状態がいいものをセレクト。HPの店主の愛情溢れるコメントも楽しい。東中野駅から徒歩5分。○東京都新宿区北新宿4-28-13 ☎03-5330-0560 13:00～19:00 月・火休 http://retro.co.jp/

東京メトロ
新中野駅から
徒歩5分。

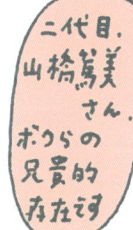

二代目。
山橋篤美
さん。
ボクらの
兄貴的
存在です

大好物の
きざみうどん。

コシがあり。
ピカピカで味のある
四国屋のうどん

40年前に
使っていた器を
見せてくれました。
なつかしくて
涙が出ます

丹念にうどんを
打つ 山橋さん。
機械は使わない！

CORGI
B・R・M
FORMULA 1.
60'S

店主の
山内
一夫さん

DINKY
コマーシャルカー
50'S

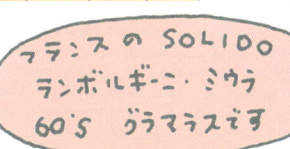

DINKY
シトロエン・カメラカー
コレクタブルです。
60'S

DINKY
プジョー・キャラバン。
60'S
トランクそろってる

フランスの SOLIDO
ランボルギーニ・ミウラ
60'S グラマラスです

DINKY
ジャガー
XK120
クーペ
50'S

CORGI
バット・モービル！
欲しいなあ。

レアな
DINKYが
ずらりと
並んで
います

小鹿田焼の品揃えは、さすがの充実です

ラスクを買い逃してはいけない！

東京一おいしい食パンを買って、究極のセレクトショップを味わう尾山台。

『ペリカン』に負けない味の食パンを売る店を知っている。

尾山台の『ペニー』だ。『ペリカン』の食パンに負けないのは、毎日午後3時頃に焼き上がる「ハイグレード」である。僕はいつも6枚切りを買っている。パン生地はもっちりしていて噛めば噛むほど味がある。なんといっても焼くと香ばしくパリパリする耳がおいしい。バターもジャムも塗らずに食べるのが一番おいしい。まずは「ハイグレード」の焼きたてを買ってそのまま食べてもらいたい。東京一の味に納得するだろう。

『ペニー』の魅力は食パンだけではない。サンドイッチや菓子パン、デニッシュやドーナツなど、なんと50を超える種類の多さである。見ている脇から次から次へと売れていき、焼き上がりがどんどん補充されるから、何が買えるかは店に行った時の運とタイミングである。大好物のきな粉のあげパンがいつも買えるってわけではないからドキドキする。夕方遅くなると品数は少なくなるから早めに行くといい。

手仕事や民藝、クラフトや日用品という言葉やテーマがよく扱われるようになった。鎌倉の民藝店『もやい工藝』の代表であり、日本の手仕事品の作り手と使い手の架け橋となる様々な活動を行う「手仕事フォーラム」主宰の久野恵一さんの長年の功績である。久野さんを育てたのは、学生時代に日本各地を共に歩いた民俗学者の宮本常一であり、柳宗悦が率いた日本における民藝運動との出会いである。久野さんは、日本民藝の数少ない生き字引として日本民藝協会の理事まで務めたが、生粋の旅好き、熱血の現場主義、モノ好き、人好き食いしん坊という三拍子が、ある種の狭い枠には収まらず、歴史ある民藝の組織的体制から離れたのは自然なことだろう。そうした久野さんは「民藝」に代わる言葉として、「手仕事」という言葉を新しく掲げ、人々の暮らしを豊かにするための独自の民藝運動をこつこつと歩んでいる。

尾山台にオープンした民藝店『手しごと』。オーナーは久野さんであるが、久野さんの元に集まった次世代の若人3人が中心となって運営する店である。今まで鎌倉まで行かないと買えなかった逸品が東京でも買えるようになって嬉しい限りだ。「手仕事フォーラム」の東京での拠点にもなり、勉強会なども行われるようだから足繁く通いたい。言い忘れたが、店主自らが日本全国を目利きになって歩きまわって、民藝品や作り手を探し、見つけた作り手から仕入れ、自分の手で売る民藝店というのは、いわばセレクトショップの元祖である。そういう意味での『手しごと』は究極のセレクトショップ。

山ぶどうのカゴあります

尾山台

ペニー

尾山台商店街にある古き良きパン屋さん。営業中に次々とパンが焼き上がり、香ばしい匂いが店内に満ちている。「焼きそばパン」（￥150）や「エビカツナポリタン」（￥190※ともに税込み）なども人気。○東京都世田谷区等々力5-5-8　☎03・3704・2496　9:00〜21:00　日休

尾山台

手《て》しごと

2014年５月にオープン。日本各地の上質な手仕事の品々を販売している。扱うのは陶磁器をはじめ、硝子器、竹細工などの編組品、木漆工、染織品など、幅広い。○東京都世田谷区等々力4-13-21　☎03・6432・3867　11:00〜19:00　火休（祝日の場合は営業）

昔ながらの
街のパン屋さん。
焼きたてが買えるのが
うれしい

食パン
バターロール

ペニーのファンのお客さんが
描いてくれた看板です

すぐに売り切れる
カレーパン
アンドーナツ

トーストした
「ハイグレード」
パン生地は
しっとりもっちり。
耳がパリパリ。
ボクは6枚切りが
一番好きです。

サンドイッチは
早い者勝ち。
ポテトサンド
タマゴサンド
大人気です

尾山台駅から
歩いて1分。

店主の松山光彦さん。
おいしいパンを焼く名人。
まちがいなく食いしん坊。
笑顔がすてきです。

中目黒のイタリアンレストラン
「チュントロ」のおそうざいも買えます。

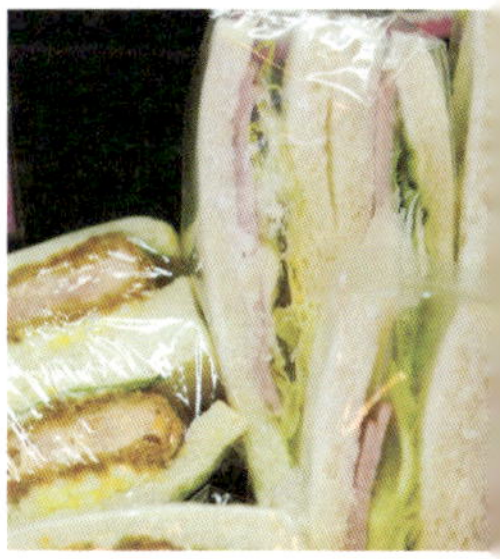

ロースハムサンド

今、手しごと品を知るには、
「手仕事フォーラム」に参加すると
いろいろと学べます。

民藝のある暮らしを提案する
セレクトショップの「手しごと」。

器、ガラス、木、
そめもの、カゴなど
日本の上質な
手しごと品を
普段使いに
選びたい。

今日のスタッフの
西村創太さん。
仕入のために
日本全国を
飛びまわっている

迫力ある大皿を
一枚いかが。

沖縄読谷村の北窯で作られる
「やちむん」は人気があります。

買いやすい
値段なのが
うれしい。

小鹿田、石見、有田、瀬戸など
日本全国の焼きものが
厳選されている

個人ルシアーによる
名ギターがぎっしりと。

大きな100ケ折詰もある。

ハカランダの音色を聴き、江戸名物にほっぺたを落とす贅沢。

神保町は古書とカレーだけの町ではなく、ギター屋の多い町でもある。そう考えると、古書とカレーとギターという、僕の好きなものが揃っているありがたい町なのだ。

ギターはアコースティックギターである。アコースティックギターはマーティンである。マーティンならハカランダである。一言で言えば、マーティンのヴィンテージギターが好きなのだ。ハカランダとは、ブラジリアンローズウッドのことで、マーティンの黄金期といわれる、1920年代から'30年代のモデルに使われた木材である。今はワシントン条約で規制されて貴重になり、ギターボディのサイドバックの材料としては最高級の音質を生むことで知られている。ハカランダの透明感のある甘い音色は、一度味わってしまうと後戻りできない魅力がある。

神保町でヴィンテージマーティンを専門に扱っている『Blue-G』は、博物館級ギターの宝庫である。マーティン以外にも、ギブソン、個人製作家のギターなど、ギター好きなら「おっ」と思うモデルがひしめき合って置かれている。マーティンについては、最高の職人と最高の材料が揃ったプリウォー（戦前）、ポストウォー（戦後）と呼ばれる黄金期モデルの品揃えが凄い。さりげなく'30年代のOM-28が置いてあるからたまらない。もちろん、ギターは古ければ良いというものではない。コンディションが重要である。そして音の鳴りがどうかである。『Blue-G』はすべてのギターを再調整しているので安心できる。店頭だけではなく、ヴィンテージギターの紹介が充実しているウェブサイトもあり、在庫品を見て読むだけでも、いかに貴重なギターが揃っているかがよくわかる。そしてまた『Blue-G』は、親切な接客やアフターサービスなどトップクラスの店と言えよう。

ギターを買う時、僕はいつも試奏もするけれど、スタッフに頼んで、自分の好きな曲を対面で弾いてもらうようにしている。憧れのギターの音を目の前で聴けるなんて、夢のように贅沢なことである。

神保町でお腹が空いたら『笹巻けぬきすし総本店』に行く。創業元禄十五年、武士だった創業者が、兵糧をヒントに笹を巻いた寿司を売る寿司屋である。江戸の三大寿司といわれた、松之ずし、与兵衛ずしが無くなった今、東京で一番古い寿司屋として知られ、数えて十三代目として残っている。鯛、おぼろ、えび、卵、のり、光りもの、白身魚の七個（一人前）を食べる。いつ食べてもうまいと唸る。潮汁がまた格別の味わいである。笹で巻いてあるので、開けるまで中身がわからないのが楽しい。江戸名物はお土産にも喜ばれる。

Martin OM-28
(1930) ハカランダ
¥3.800.000.

神保町

Blue-G《ブルージー》

世界中からヴィンテージのアコースティックギターファンが集う専門店。常時200本以上在庫があり、入荷したギターは店のリペアマンによって調整される。〇東京都千代田区神田小川町3-1 須田ビル501 ☎03・5283・7240 11:00〜20:00、日・祝〜19:00 月休 www.blue-g.com

神保町

笹巻《ささまき》けぬきすし総本店《そうほんてん》

すしダネを酢に3、4日漬けるが、鯛の小骨だけは酢でしめても柔らかくならないので、昔から毛抜きを使っている。それが、店名の由来となっている。店内でも食事ができる。〇東京都千代田区神田小川町2-12 ☎03・3291・2570 9:00〜18:30、土〜17:00 日・祝休

Ervin Somogyi
OM CUTAWAY (2002)
フィンガーピッカー向きの
カッタウェイ。
¥1,900,000-

Gibson Dove (1963) J-55 (1939)

トップルシアーのアーヴィン・ソモジは人気一番である。
安定感のあるサウンドはピアノサウンドと言われている。

選び抜かれたマーティンギター。

Gibson Super-400P
(1941) ¥2,500,000-

Martin D-28 (1943)

ヘリンボーントリム、
ハカランダの
D-28。
¥3,800,000!

ジョーン・バエズが
愛用していた
有名な0-45。

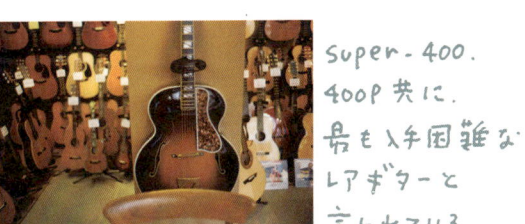

Martin 0-45 (1926)

Super-400、
400P共に、
最も入手困難な
レアギターと
言われている。

Super-400 (1935)
¥2,350,000-

お召し上り お一人様 セツ 潮汁付。
¥1,804 (税込み)

笹をあけると。

えび

のり

卵

おぼろ

他に三種あります。

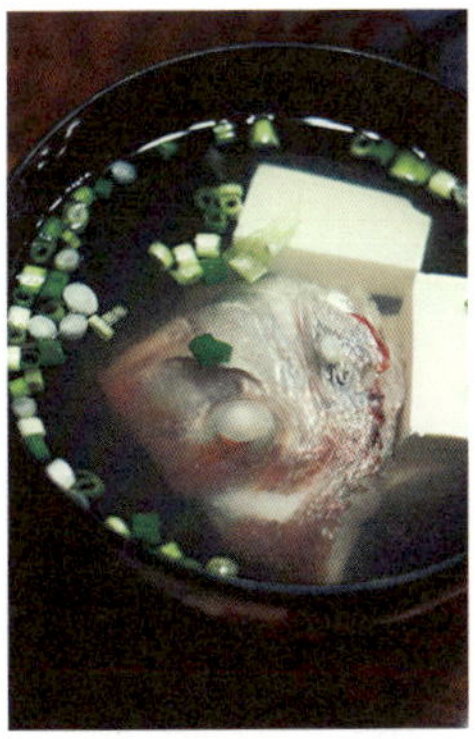

この潮汁が、
絶品である。
今日は、
ラッキーなことに
おかしらだった。

5ヶ折詰の美しいパッケージ。

折詰は種類が多いので
お土産におすすめ。

Jeanne d'Arc.

僕は、あたたかくて、やさしくて、静かな時が流れる場所が好きだった。

ときには、この店、あの場所を、人に聞いてみるのもいいもんだ。

年下の人は、あちらこちらと僕を連れ回してくれた。「下北沢には行きますか?」と聞かれたので「最近はあまり」と答えた。「きっと気に入ると思う」といわれて教えてもらったのは『Mél』という古着屋だった。店の扉を開けると、僕が苦手としている古着の匂いがなくて安心した。『Mél』は、フランスやベルギーで買い付けをした、おもに19世紀のヨーロッパの農夫や庶民が着た日常着や小物を扱う店だった。オーナーである田中崇敏さんの、高い審美眼で選ばれた、手紡ぎの糸で織られたリネンやコットンのシャツやジャケットは、古着というよりも工芸品であり、店自体が小さな博物館のようだった。しかも並べられている服がどれも清潔なのが素晴らしい。着丈の長い、たっぷりとしたリネンの真っ白なシャツは、女性ならワンピースのように着られるだろう。まるでミレーの絵画に出てくるような人々が着ていた服がずらりと並んでいる。

全体の四割くらいがメンズだという。藍染めされた19世紀の消防士ジャケットなど、その深みのある藍色は、いつまでもなでていたい気持ちになる美しさがある。こういったヨーロッパ古着は昨今のトレンドでもあり、デザイン資料として買いにくるファッション関係の方も多いという。着る人を思い、着る人のために手作りされた服の、生地や縫製、簡素な装飾、風合い、肌ざわりなど、そういった人の手のあたたかさを『Mél』で僕は確かめることができた。古書や雑貨、生活道具の品揃えも秀逸である。

夕食の後においしいコーヒーが飲みたくて、教えてもらったのが、三軒茶屋の『ムーンファクトリーコーヒー』だ。京都の『エレファントファクトリーコーヒー』の姉妹店だという。京都の友人に連れていってもらったことがあるコーヒー好きには知られた名店である。店のやわらかくてゆっくりとした雰囲気が似ていたので納得できた。店がビルの二階にあるのも一緒である。選ばれし本も置いてある。

オーナーの高橋美賀さんが、一杯一杯ていねいに淹れるコーヒーはおいしかった。角の無い味というか、とにかくやさしい。それでいてしっかりとコーヒーの味と風味があった。おかわりをして二杯目をもっとゆっくり味わって飲みたいと思った。「ほとんどのお客様が一時間以上くつろいでいきます」と高橋さんは言った。本を読んだり、ぼんやりしたり、手紙を書いたり、一人でいられる静かなカフェが『ムーンファクトリーコーヒー』だ。夜の1時まで営業しているというのが嬉しい。自分が好きな場所は、こういうところだったんだと改めて思った。

月のきれいな夜に訪れ、好きな本を読みながら、明日を思うひとときをここで味わいたい。

All the Beautiful.

Cheese cake.

下北沢

Mél《メル》

フランスで買い付けた19世紀後半〜20世紀初頭の古着を扱う。コットン、リネンなどの天然素材や、当時の手仕事の魅力が伝わる商品が揃う。○東京都世田谷区北沢2-26-7 テラスマディーナ2F ☎03·3465·4365 13:00〜21:00 不定休 http://mel-antique.tumblr.com

三軒茶屋

ムーンファクトリーコーヒー

古いビルの外階段を上った２階にあるカフェ。珈琲豆は京都の『エレファントファクトリーコーヒー』と同じ北海道の焙煎所から取り寄せている。閉館した三軒茶屋中央劇場の近く。○東京都世田谷区三軒茶屋2-15-3 寺尾ビル2F ☎03·3487·4192 13:00〜1:00 木休

EuroVintage, Mél.

Fire man Jacket.

oil painting

Linen clothing

Tintype Photography

LOOK

Antiques.

white shirts

So soft Taste.

Tenderness.

Relax and Reading.

Homemade chocolate cake

Slowly Slowly.

Fragrant.

Books, Books.

Moon Factory coffee.

うれしいけれど、ハラハラもする。
銀座に行くと、僕が手ぶらで帰れない理由。

芹沢銈介の型染カレンダーを『銀座たくみ』で毎年買っている。

芹沢銈介は、柳宗悦との出会いをきっかけに民藝運動に共感し、独自の型絵染を生み出した染色作家として知られている。

昭和二十年の戦後まもない頃、『銀座たくみ』の発案によって、芹沢銈介図案・制作による手漉き和紙十二枚に染められたカレンダーは発売された。

型染カレンダーは、下絵を型紙に彫り、和紙に型紙を置いて糊伏せし、さらに何色かの染料で色を差し、水で糊を落として仕上げる、手間のかかる手仕事によって作られている。芹沢銈介亡き後も、残された図案を使い、同様の手法で制作され、販売が続けられている。

夏が終わりに近づくと、来年はどんな図案だろうかと、発売日をまだかまだかと待ちわびる自分がいる。芹沢銈介自身、型染カレンダーを絵暦とも呼んでいたように、多彩な画帳や絵本のように美しく、カリグラフィーやデザインも優れた、味わい深い型染作品として完成されている。一度使うと、毎年、家に無くてはならないカレンダーとなる不思議な魅力に満ちている。

型染カレンダーの買い物に行き、他の棚を物色していたら、くりくりっとした大きな黒い目と目が合った。三春張子の玉うさぎである。手の平サイズはよく見かけるが、高さ二十センチくらいの大きな玉うさぎだった。玉うさぎは、元気に跳ねるという意味で、さらに飛躍する縁起物として愛されている。大きいものは珍しいから買って帰った。こんな掘り出し物があるから『銀座たくみ』はあなどれない。

萬年筆はペリカンを使っている。コンパクトなサイズの、１９３０年代製の「１００」シリーズが好きで、幾本かコレクションしている。

銀座の奥野ビルと聞いて、わかる人はある種の銀座通であろう。扉が手動式の古いエレベーターがあることでも知られた名建築だ。ヴィンテージ万年筆やデッドストック、蒔絵万年筆など、常時二千本以上の在庫を取り揃えている専門店『ユーロボックス』は、その奥野ビルにあり、僕にとっては危険な店として封印されていた。訪れれば、必ずあれもこれもと欲しいものに囲まれ、散財をしてしまうからだ。そんな思いを胸に秘めながら久しぶりに訪れた。

店主の藤井栄蔵さんは、ヴィンテージのペリカン「１００」シリーズを、僕の目の前にずらりと並べた。見ないわけにはいかなかった。僕はすぐにレアな黒ボディの「１００Ｎ」を見つけてしまった。１９５０年代のモンブランのスケッチペンもあった。見てしまったら買わずにいられない。

ああ、やっぱりだめだ。『ユーロボックス』は、筆記具好きにとってのパラダイスだ。封印を解くには相当な覚悟が必要だ。ハラハラする。

銀座

ユーロボックス

〈ペリカン〉をはじめ、〈モンブラン〉や〈パーカー〉などのヴィンテージや限定品、蒔絵の万年筆を販売。購入すると丁寧に整備してから納品してくれる。1930年代築の奥野ビルの４階。〇東京都中央区銀座1-9-8 奥野ビル407　☎03･3538･8388　11:30〜18:00　日・水休

銀座

諸国民藝《しょこくみんげい》 銀座《ぎんざ》たくみ

日本を中心に、世界から職人たちの手仕事による工芸品を集める。昭和８年創業、80年を超える歴史を持つ。２階では定期的に展示会がある。芹沢銈介の型染カレンダー￥16,000、卓上カレンダー￥1,200。〇東京都中央区銀座8-4-2　☎03･3571･2017　11:00〜19:00　日・祝休

JANUARY
2015
一月

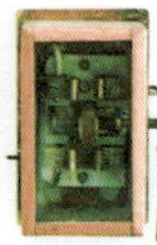

保里さん お気に入り.
イギリス製のスイッチ.

ギターとか、キャンプ道具、おもちゃとか、そういうものに僕は本当に弱い。

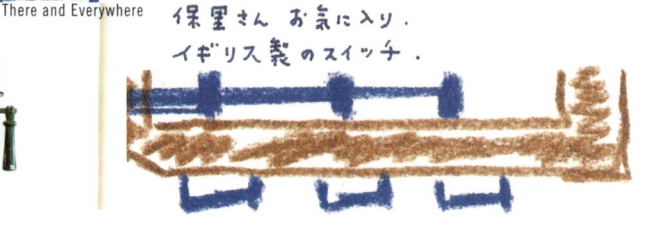

保里正人さんと享子さんが経営する北欧雑貨の店『CINQ』が、神宮前から吉祥寺に移転して二年が経つ。北欧のデザインプロダクトやクラフトにとても詳しいお二人とは、遠からず近からずの関係で仲良くさせていただいている。といいつつ、正人さんとは好きなものが似ているなあ、と僕はいつも思っている。だから、『CINQ』のすぐ近くに『サムエルワルツ』という男子向けの雑貨店を、正人さんが開いたと知って、ああ、やっぱり、と納得できた。『CINQ』のセレクトにも、時たま男っぽいテイストが混ざっていて、大人になった男の少年の心をくすぐるような雑貨やアンティークが揃った店があるといいなと勝手に思っていたからだ。

『サムエルワルツ』に行く前に、人気のたい菓子屋『天音』(あまね) で、冷めてもおいしい、ハネつきの鯛焼きを買っていくことにした。

『天音』は、以前、中目黒にあった『オーガニックカフェ』の相原一雅さんがプロデュースしたたい菓子屋である。カリッとした焼き具合が香ばしくて、皮がパリパリサクサク、黒糖が隠し味になっている、コクのある粒あんが、実においしい鯛焼きである。ここの鯛焼きは姿カタチが美人なことでも知られている。鋳型は東京オリンピックの聖火台を作った鋳型職人の手仕事によるものである。

『サムエルワルツ』という店名の由来は、そういう名前の架空の人物の好きなものだけを並べた店ということらしい。物色すると、キャンプ道具、ウェア、オブジェ、テーブルウェア、おもちゃ、バッグ、インテリア小物、アンティークなど、好きなものだらけで目移りして困った。イギリスの陶芸家、バーナード・リーチの孫、ジョン・リーチのテーブルウェアは、東京ではここでしか扱っていないという。こんなふうに正人さんは、北欧やイギリスの上質なクラフトを、いつもさらっとさりげなく紹介してくれている。そしてまた、今は無きイギリスのオールド・ホールというステンレスメーカーのポットやキッチン用品が、ずらりと並んでいるのも驚いた。アンティークでもなかなか見つけるのに苦労するオールド・ホールである。うーむ。

実を言うと目当ては他にあった。ビンテージのアコースティック・ギターである。店の壁には、僕好みのパーラーギター（小ぶりのサイズ）が、三本飾られていた。一本はノーブランドの手工ギターで、二本は「Levin」というギターメーカーだ。試奏すると、乾いたボディからやわらかい音色が心地よく鳴った。

「秋の夜長に、部屋で弾くには、ちょうどいいギターですよ」と正人さんは言った。心憎いなあと感心した。

正人さんは傍らにあったギターでビートルズのブラックバードを弾いていた。

スタンレー & サンズ
バッグとエプロン

吉祥寺

有職《ゆうしょく》たい菓子《がし》本舗《ほんぽ》・天音《あまね》

小さな店構えの奥からは、たい菓子の香ばしくて甘い匂いが漂ってくる。「たい焼き」でなく「たい菓子」と呼ぶのは、冷めてもおいしいお菓子を目指したため。◯東京都武蔵野市吉祥寺本町1-1-9 ハーモニカ横丁内 ☎0422・22・3986　11:00〜売り切れ次第閉店　不定休

吉祥寺

サムエルワルツ

駅から大正通りを歩いて、『CINQ』を過ぎてすぐの所にある。2階にある店内には、シンプルなヴィンテージ雑貨が上品に並んでいる。1階は『CHECK&STRIPE』。◯東京都武蔵野市吉祥寺本町2-31-1 山崎ビル2F ☎0422・27・1855　12:00〜19:00　金・土・日・祝のみ営業

吉祥寺駅前のハーモニカ横丁。

お団子も人気。
いろいろあります。

あんこたっぷり。
皮サクサク、少しモッチリ

なんともすてきな
鯛焼きのカタチです。

Levinの1900年代
レアなモデル。

オールド・ホールが
こんなにたくさん。

ブリティッシュトラッドな
ウエアも揃っています

白のピックガードが
マニアックです。

行きつけのカフェ
風月堂.

銀座で、ひとっ風呂

『よし田』で、かきそばを食べて、北欧家具を堪能する銀座そぞろ歩き。

銀座には夜の用事がないから、昼間に行くことが多い。ということは、何か食べるとするとランチである。銀座はランチ天国と言われている。おいしい店が、わんさかあるから、高いところ安いところとあっちこっち行っている。まあ、天国と言われれば確かにそうかもしれない。なんでもあるし、どこもおいしいし。そうやって、銀座一人ランチあっちこっち旅の末、結局、家に帰るように辿り着いたのが、蕎麦屋の『よし田』である。給仕のおばさま達のいつもの顔ぶれを見ると、なぜかほっと落ち着いてしまうのは僕だけだろうか。

普段は名物のコロッケそばを頼む。コロッケと言えど、ジャガイモを揚げたコロッケではなく、鶏肉と山芋のつくねを揚げた大きなお団子が、かけ蕎麦の上にひとつ乗っている。これがまたうまい。昔ながらの店構えのせいか客筋もいい。銀座の旦那衆やおかみが、さっと来て、さっと食べて帰る感じだったり、夕方に品の良いクラブのホステスさんが一人で蕎麦をすすっていたり、なんというか、江戸の粋をどこかに感じる雰囲気がある。

10月に入ると、かきそばが始まる。毎年の楽しみでこの季節、僕はかきそばばかりを食べる。震災後は、いつもの三陸産のかきの代わりに広島産が使われていたが、今年になって三陸産が復活したから嬉しい限りだ。好みはいろいろだろうが僕は三陸産のかきが大好きだ。身が大きくて歯ごたえもたまらなくおいしい。かきのダシがたっぷりときいた汁が、うまいのうまくないの。目をつむって一滴も残さず飲み尽くす味を、ぜひ確かめてもらいたい。

『よし田』のある七丁目近辺は、銭湯があったりと、ぶらぶらとそぞろ歩きしても面白いエリアである。

銀座七丁目から銀座一丁目の『ルカスカンジナビア』まで歩くと、蕎麦を食べた腹ごなしに丁度いいだろう。青山から銀座に移転した北欧家具店『ルカスカンジナビア』に、フィン・ユールのNV-45オリジナルがあると聞いたので見に行く。ニールス・ヴォッダー社製で、ペアで揃ったNV-45の希少性は、近年のオークションでの高騰ぶりからすると、値段が8桁でも驚かない。商談中と聞いて納得。幸運にも現物がまだ店頭にあったので拝ませてもらう。目の詰まったチーク材の経年色の良さが１９４５年を物語っている。世界一美しい肘掛けを持つ椅子NV-45。いいなあ、どこから見てもフォルムが均整で見飽きることが無い。他にも名作椅子をいくつか物色し、オーナーの輿石朋敦さんとインテリア話に花を咲かせた。北欧家具人気の勢いは止まらない。ポール・ヘニングセンのテーブルランプに触手が伸びる。１９４１年製のビンテージだ。ベース部分が白のベークライトのタイプを僕は初めて見た。買おうかと迷う。

Finn Juhl NV-45

銀座

そば所《どころ》 よし田《だ》

明治18年から続く老舗。創業当時に提供していた洋食メニューの名残で「コロッケそば」(￥1,050※税込み) があるとか。昔ながらのそば屋さんの雰囲気が味わえる。○東京都中央区銀座7-7-8　現在、店舗工事のため休業中。再開時期は未定。

銀座

ルカスカンジナビア

青山から銀座に移転した、北欧のヴィンテージ家具が並ぶショップ。デンマークを中心に、年２～３回の現地への買い付けで商品を仕入れている。『ユニオンワークス』が１階に入っている奥野ビルからすぐ。○東京都中央区銀座1-9-6　☎03-3535-3235　12:00～19:00　火休

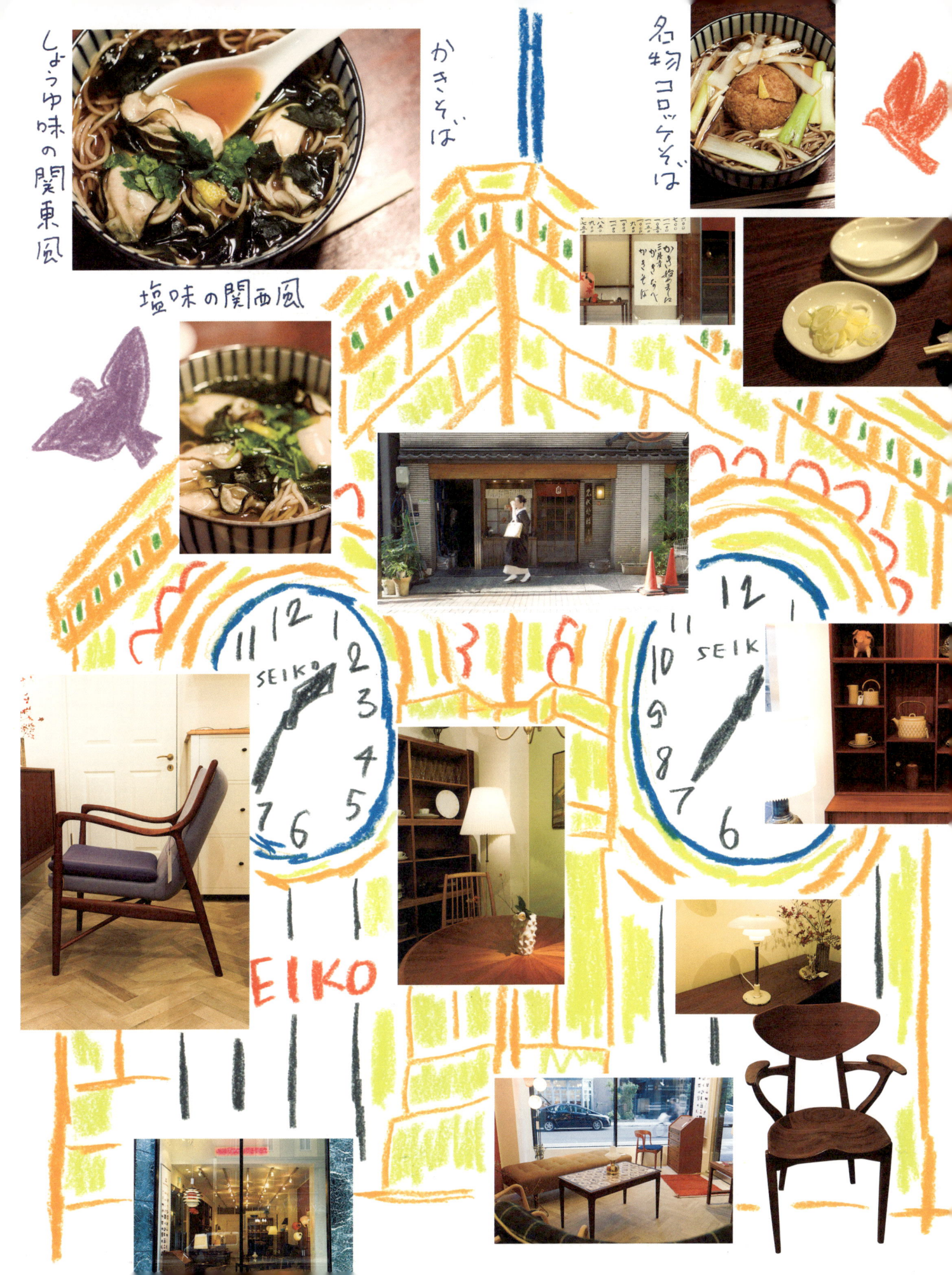

しょうゆ味の関東風

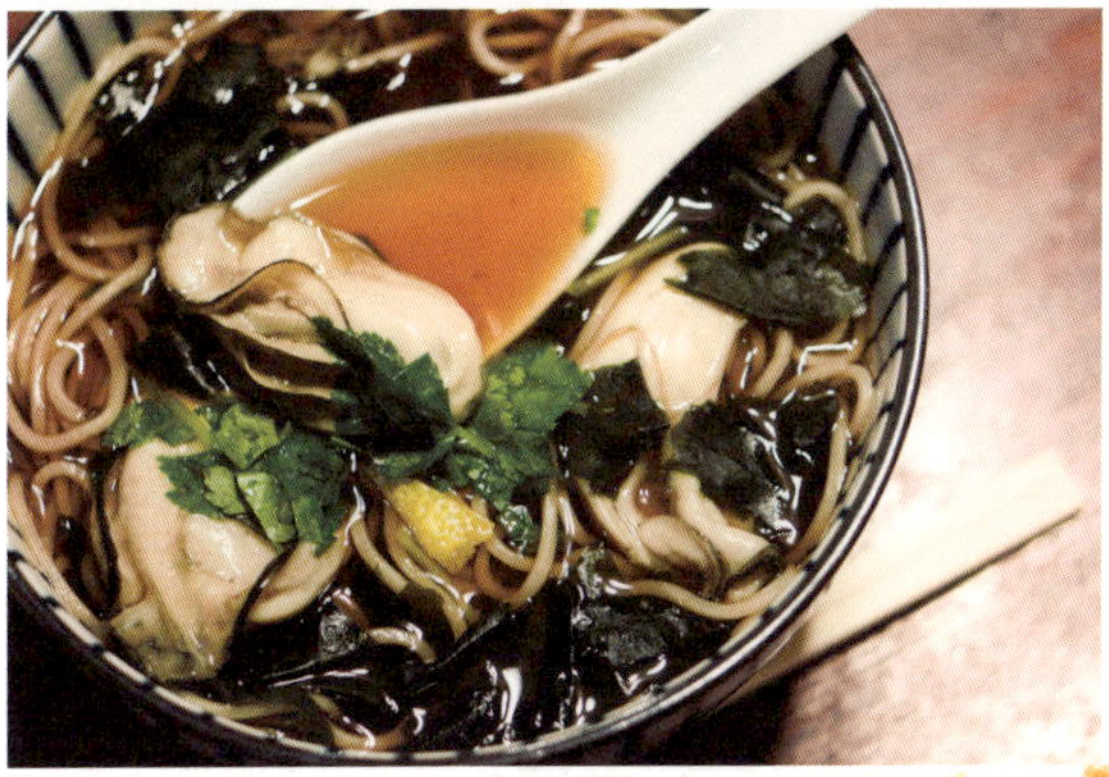

かきそば

名物コロッケそば

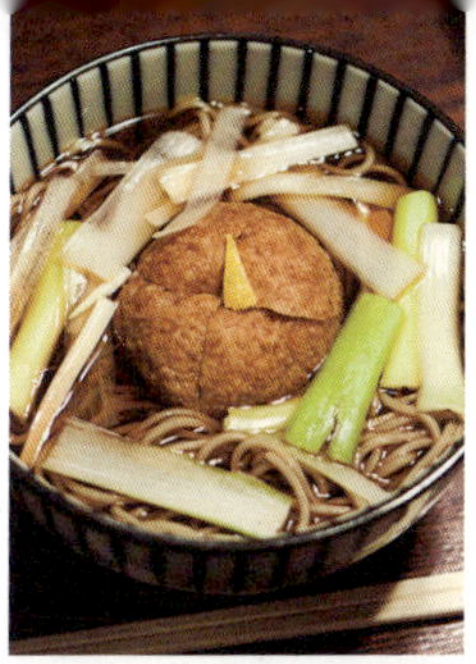

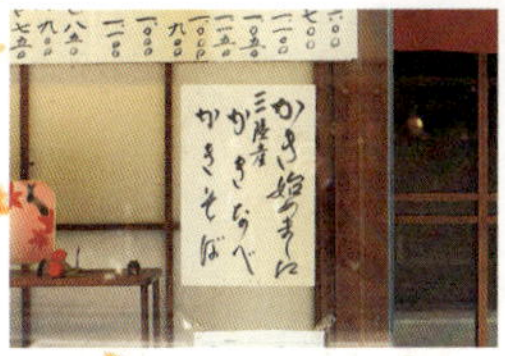

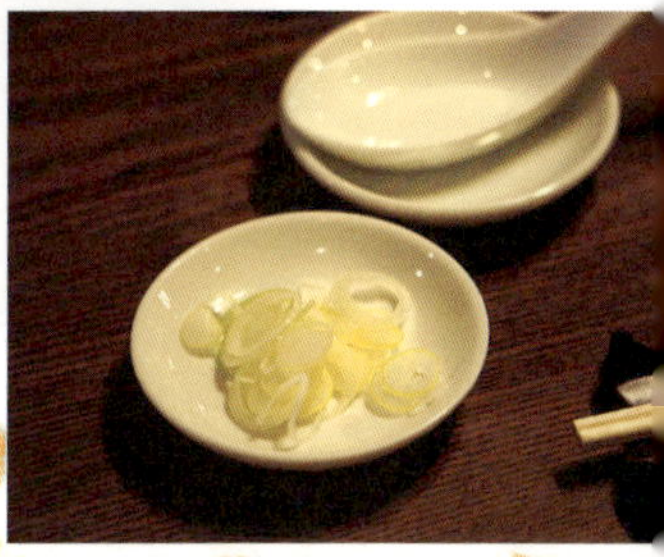

塩味の関西風

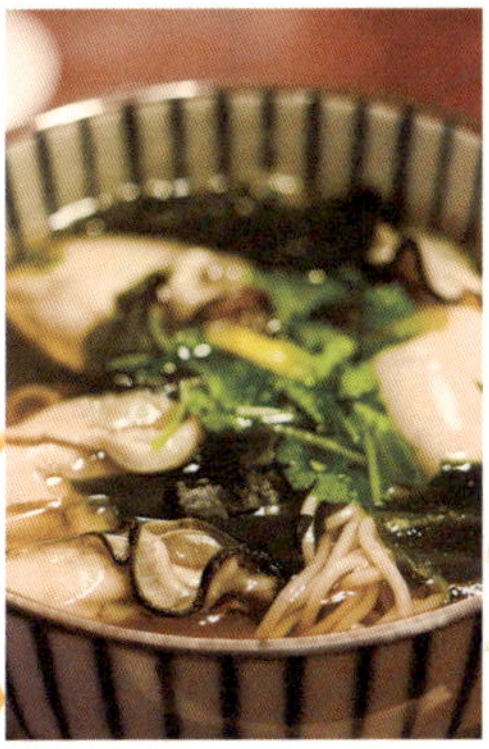

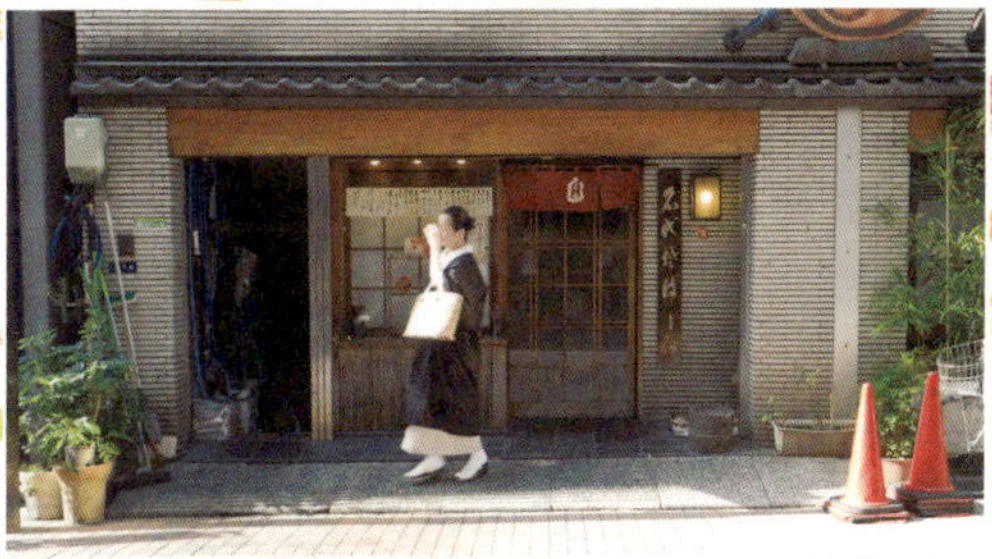

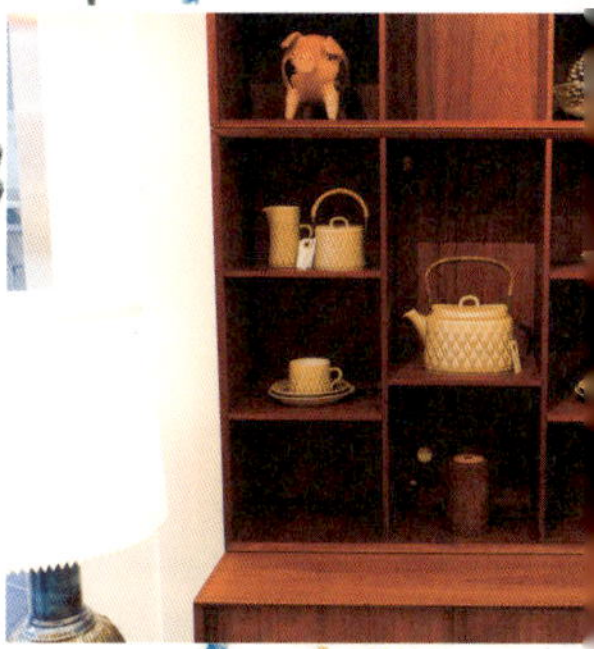

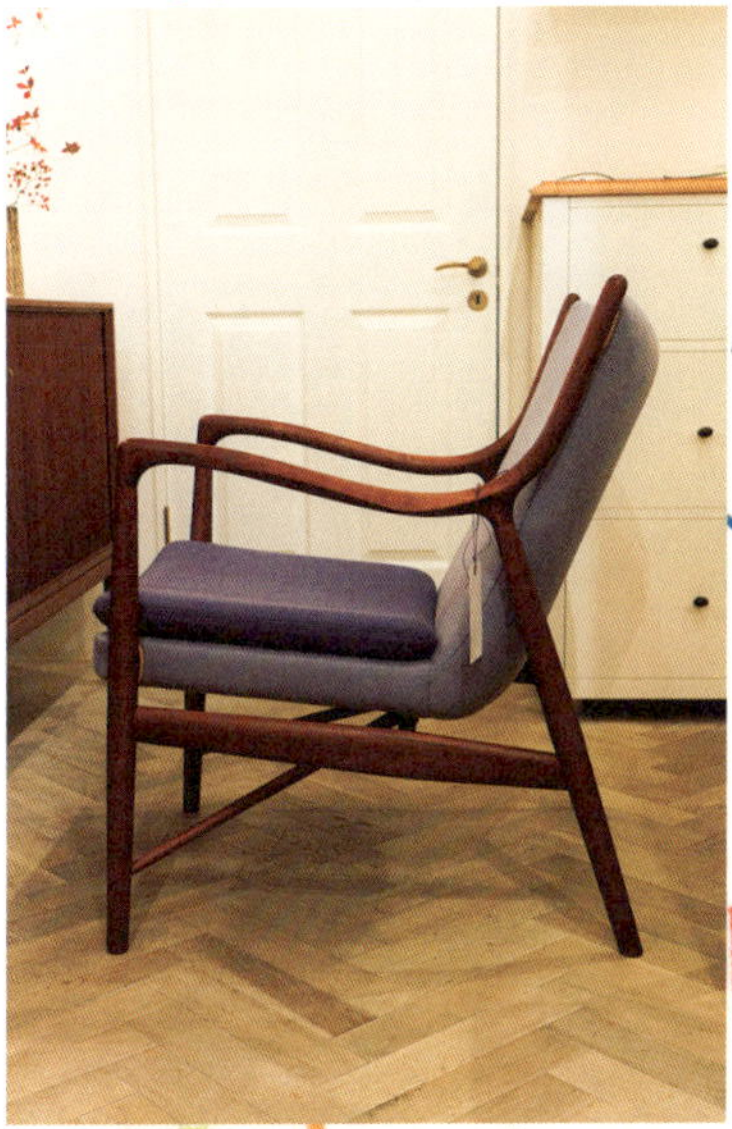

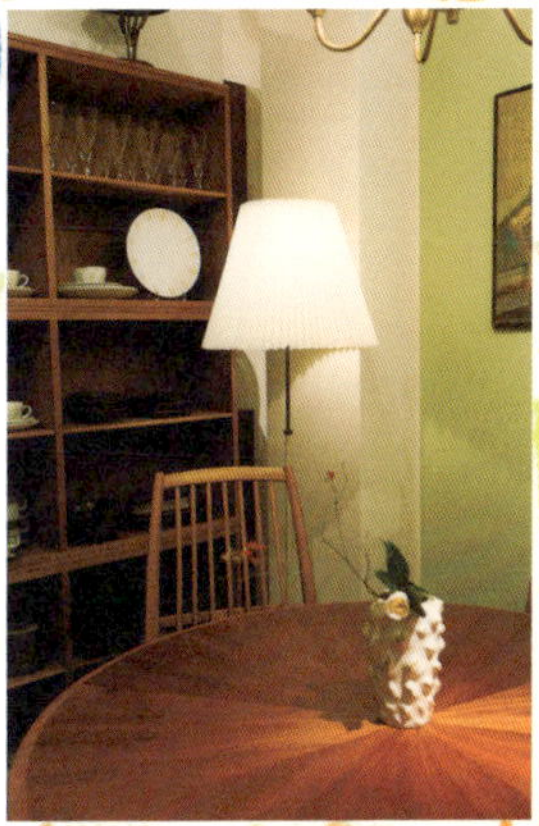

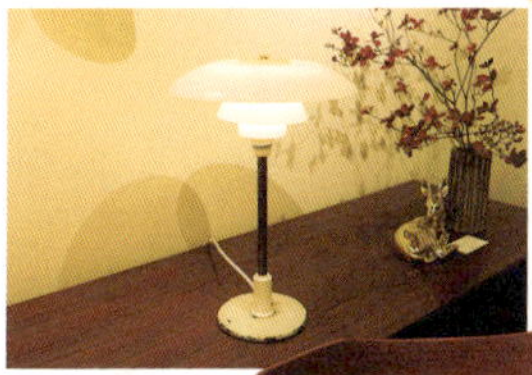

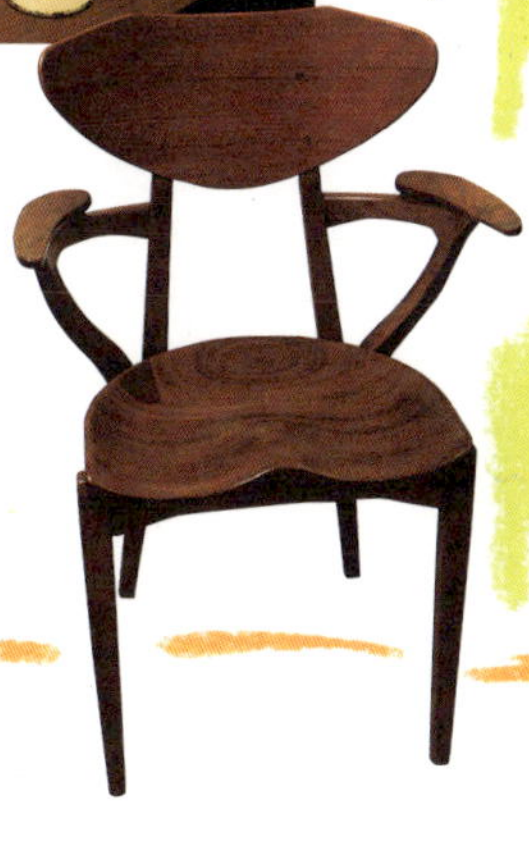

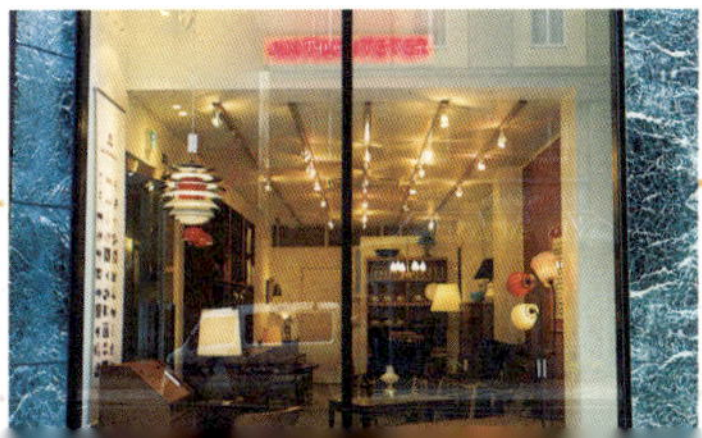

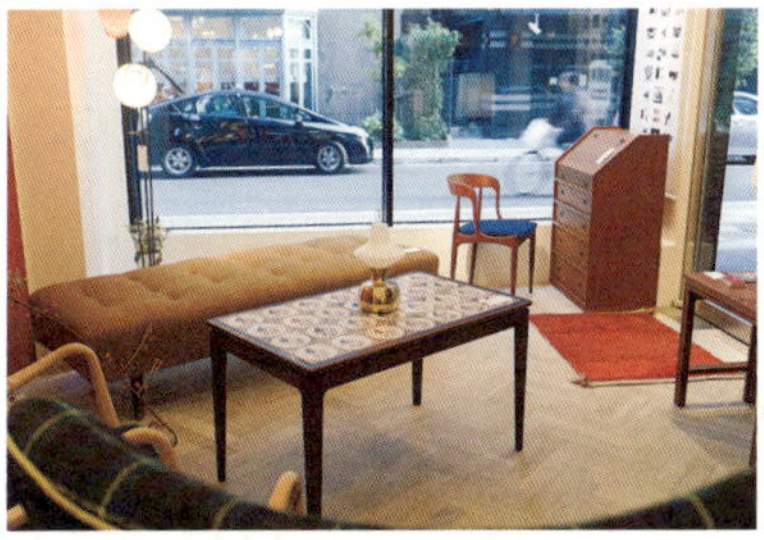

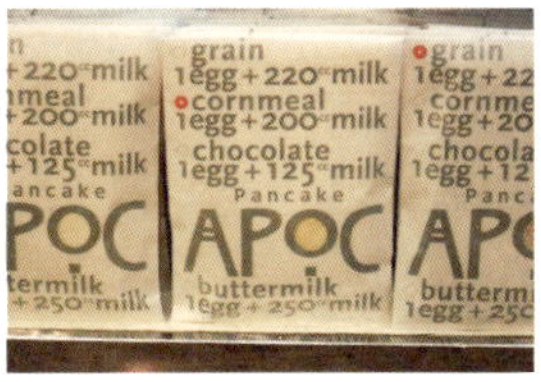

南青山の大好きな個人商店に行く。そこに大好きな人がいるからだ。

青山の骨董通りは、すぐ近くに根津美術館や小原流会館があるせいか、戦後いつしか古美術品店が集まるようになった。正式には南町通りと呼ばれている。中島誠之助が「骨董通り」と言うようになって広まった。

骨董通りエリアは、東京の品の良さと、庶民的な風情がちょうど良く共存している。昔から続いている和菓子屋やパン屋、雑貨屋や靴屋、飲食店といった個人商店を覗くと、そこには気さくな笑顔で迎えてくれる店主がいて、ブランドショップがひしめくおしゃれな街、青山でありながら、ほっとするような、あたたかいぬくもりに出会えるのが嬉しい。

そんな骨董通りエリアでおすすめしたい個人商店といえば、ホームメイドのクッキーやケーキ、パンケーキが人気の大川雅子さんのカフェ『ア・ピース・オブ・ケイク』だ。岡本太郎記念館の敷地の中にあり、フルーツたっぷりなアメリカンなスイーツを、お腹いっぱい食べたい時はここに行くと決めている。そしてもっとおすすめなのが、その姉妹店と言ってよいのだろうか、『ア・ピース・オブ・ケイク』の頭文字を店名にしたパンケーキ専門店『APOC』だ。

おいしさの感じ方は人それぞれだろうが、大川雅子さんが焼く『APOC』のパンケーキを一度食べたら、他の店のパンケーキが食べられなくなるというのは、決して大げさな言葉ではない。僕はいつも、ホイップクリームwithレモン、ホエー豚の無添加ベーコンのパンケーキに、放牧卵の目玉焼きをサイドオーダーする。パンケーキをおいしく食べるための全てがここにあるという一皿だ。パンケーキにバターを載せて、温めたメープルシロップをたっぷりかける。ベーコンと目玉焼きに、ホイップクリームとメープルシロップがからむ味がリッチなおいしさを生む。ちょっとしたコース料理を食べるよりも満足感があるパンケーキセットだ。『APOC』のパンケーキに特別なおいしさを感じるのは、『APOC』ならではの食べる楽しさがあるからだ。パンケーキ、バター、ホイップクリーム、シロップ、そしてトッピング。そのどれもが主役であり脇役であるから、食べるたびに新しい味との出会いに胸が高鳴る。そして僕が虜になっているのが、ホームメイドグラノラ&ヨーグルトだ。大川さんが15年前から作り続けている秘伝のグラノラである。

『APOC』をおすすめするなら、マフィンで有名な焼き菓子専門店『A.R.I』もおすすめしないわけにはいかない。今年で11年目を迎えた、森岡梨さんの個人商店だ。季節のフルーツを使ったマフィンはもちろんおいしいが、レモンカスタードマフィンとゴルゴンゾーラクランブルマフィンのおいしさには胸を撃ちぬかれる。この二つを選んだランチセットは至福この上ない。

表参道

APOC《アポック》

写真は「パンケーキ ホイップクリームwithレモンとホエー豚の無添加ベーコン」（ドリンク付き）1850円に、目玉焼き300円をプラス。価格は税込み。骨董通り中ほどの建物の2階。◯東京都港区南青山5-16-3 2F　☎03·3498·2613　12:00〜18:00（LO17:30）　火、第1·3水休

表参道

A.R.I《エー・アール・アイ》

青山通り沿いにあるビルの2階。甘い香りの漂う店内は足を踏み入れるには躊躇するかもしれないが、勇気を出して扉を開けよう。表参道駅B1出口を出てすぐ。◯東京都港区南青山5-9-21 2F　☎03·5774·8847　11:30〜19:00、日・祝12:00〜18:00　月、第1·3日休

Pancake House
APOC
APOC
Lemon Cookies
a Piece of Cake.
Muffin & Cookie & Cafe
OPEN 11:30
END 19:00
Tue - Sat
OPEN 12:00
Sun & Holiday
END 18:00

いつもの台北を走ってきた。いつものばかりを楽しむ旅行が僕は好きなんだ。

台北富邦国際マラソンに出場するために、台北を訪れた。沿道のギャラリーから「ジャイヨウ! ジャイヨウ!(がんばれ、がんばれ)」と大声で励まされ、のんびり走るつもりが、後半はペースが上がった。そのせいかタイムがいつもより良かった。前日、ホテルマンにおすすめのランニングコースを聞くと、街の中心部は自動車やスクーターが多くて危ないので、と、「延平河濱公園」を教えてくれた。行ってみると、東京の駒沢公園に似た、とても走りやすい公園で、ランナーも多かった。「そのニューバランス、どこで買ったの?」と、何人ものランナーに聞かれた。台北ではニューバランスの最新モデルを買える店が少ないらしい。「履き心地はどう?」とみんな興味津津だった。

台北は大好きな街で、何度も訪れているから、観光気分にはならない。いつものホテルに泊まり、いつもの松江・南京界隈を歩き、いつものレストランしか出かけない。あとは友だちに会うだけ。台北に行くと友人は「おかえり」と言う。僕は「ただいま」と答える。

松江南京駅近くの『史記正宗牛肉麺』は、ある食通によると、台北でいちばんおいしい牛肉麺屋らしい。きさくでおしゃれな、店主の史さんの笑顔に会いたくて行く店だ。白いスープの牛肉麺は絶品。キャベツの漬物や、厚揚げ煮物をつけ合わせに頼む。

夕食に毎晩通うのは、ベジタリアンレストランの『衆流素食』。化学調味料を使わず、新鮮な無農薬野菜だけを使っているのが嬉しい。僕はベジタリアンというわけではないが、身体にやさしいこの店の料理が気に入っている。山芋のスープとブロッコリー炒めがおすすめ。

友人のダニーとペギーが経営する本屋『註書店book in』で、彼らとおしゃべりするのも、楽しみのひとつ。セレクトされた本と音楽と雑貨が並んでいて、彼らの家に遊びに行くような居心地の良さ。ドミトリーとして宿泊も出来る。

会いに行くといえばもう一軒。活版印刷アーティスト楊さんのアトリエ兼ショップの『324 PRINTING STUDIO』だ。東京同様に台北も、活版印刷やジンは人気。楊さんは、台北のデザイン界のキーマンでもある。

そうそう。台北のパン屋には、必ずメロンパンがある。そんなメロンパンだが、なかなかのおいしさで、毎回、新しいメロンパンを探している。そして、パンといえば、世界チャンピオンになった『Wu Pao Chun bakery』の、ドライライチとバラが入ったパンがおいしい。

帰国前に必ず行くのが、松山空港近くにある、台北で一番チャーハンのおいしい店に選ばれた『民生炒飯專賣店』。ビーフンも最高。行列が出来る前の午前中に行くのがいい。

台北はとにかく気楽だから好きなんだ。

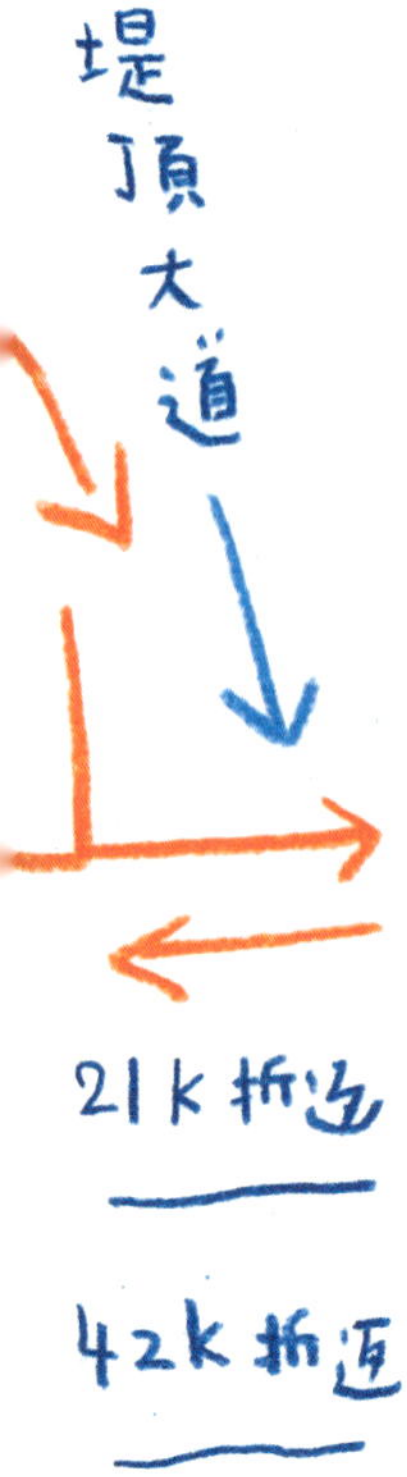

史記正宗牛肉麺

スープは清燉(白色)、紅焼、咖哩から選ぶ。○台北市民生東路二段60号 ☎02・2563・3836

衆流素食

肉や魚、卵、酒、化学調味料を使わない精進料理。○台北市龍江路102号 ☎02・2516・5757

註書店book in

カフェ、ゲストハウスも併設するセレクト書店。○台北市内湖路一段47-6-12-1 www.facebook.com/bookintaipei

324 PRINTING STUDIO

活版印刷技術を守り、伝えるギャラリー兼ショップ。○台北市太原路97-16 324pstw.blogspot.jp/

Wu Pao Chun bakery

パイナップルケーキも人気で行列ができることも。『誠品生活松菸店』の地下2階。○台北市菸廠路88号

民生炒飯專賣店

テーブルが2卓しかない、屋台のような小さな店舗。テイクアウトも可。○台北市民生東路五段27巷

42K折返

北安路

中山北路一段至三段

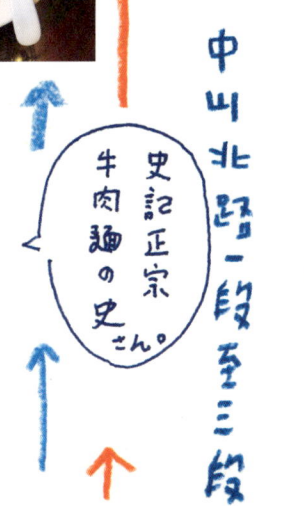

史記正宗牛肉麺の史さん。

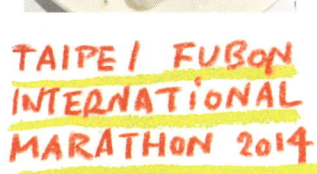

ZONE LONG vegetarian

TAIPEI FUBON INTERNATIONAL MARATHON 2014

明水路

朝食は屋台のドーナツ。なかなかの味。

hello. Peggy & Danny.

お茶や豆などいろいろなもので作る擦茶。

START・FINISH

仁愛路一至四段

これぞ台北一おいしいチャーハン！

註書店

メロンパンは大きくておいしい。

光復南路

324 Printing Studio

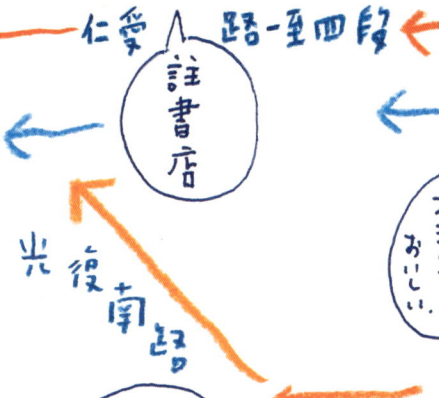

信義路

HALF ROUTE

FULL ROUTE

サヴィニャックのポスターと、少数民族のフォークテキスタイルを自由が丘で。

自由が丘は昔、東急東横線が開通するまでは竹やぶだった。駅が出来てから、芸術家や文化人が暮らすようになり、１９３３年に洋菓子店『モンブラン』がオープンし賑わうようになった。ちなみにケーキのモンブランを最初に売りだしたのが、自由が丘の『モンブラン』だ。『亀屋万年堂』の近くにある熊野神社に行くと、うっそうとした竹やぶが残っていて、その景色を眺めていると、ああ、この辺り一帯は、昔こんな感じだったのだなあと思ったりする。

自由が丘を訪れ、必ず足を運ぶ店なり場所というのは多くはない。駅前の老舗『不二家書店』か、二三ある古書店くらいだ。だからこそ、レイモン・サヴィニャックのポスターと、フランスのアンティーク雑貨を揃える『Mieux』を知った時は嬉しかった。カフェオレボウルとコレクタブルなキーホルダー、シュタイフ社のぬいぐるみ、そして、なんと言ってもサヴィニャックの希少なポスターを物色するのが楽しみな店だ。オーナーの井上敬陽さんのセレクトのセンスの良さにため息をついてしまう。'60年代のシュタイフ社の小さなテディベアを見つけてしまい、そのかわいらしさを見たら買わずにはいられなかった。にわとりの羽根の中で子どもたちが笑っているサヴィニャックのポスターも欲しいな。友人のバースディプレゼントにカフェオレボウルを買おうか、そんなことを思案しながら店の中をぐるぐると歩きまわる。「これはかなりレアなんですよ」と、アディダスのキーホルダーと、シトロエンのキーホルダーを井上さんは見せてくれた。

人を連れていくと必ず大喜びされるのが（特に外国人を）、『岩立フォークテキスタイルミュージアム』だ。入館料は３００円。インドを中心にした民藝としての衣服や布、装飾品などが、その時々のテーマに沿って展示されている。

民族染織研究家であり、理事長の岩立広子さんが、自ら現地に出かけ、そこに暮らす人々が、昔ながらの手法で、自分たちのために織り、作り、身につけていた民族衣装などを40年以上かけて集めたコレクションだ。見れば見るほどに、人間の手仕事の素晴らしさと、その美しいデザイン力に息を呑む。

展示中だった、山地に暮らすナガランド州ナガ族の上衣の、斬新なデザインに感動していたら、子安貝によるV字の模様は、首狩りをした勇敢な戦士のみに許されるものだと、岩立さんは教えてくれた。

『岩立フォークテキスタイルミュージアム』は、年会費を払い、会員になると入館料とギャラリートークが無料になる。ぜひ入会して足を運びたい。

自由が丘

アンティーク雑貨《ざっか》 Mieux《ミュー》

フランスの画家、レイモン・サヴィニャックのヴィンテージポスターや、ブルボン社が'60年代に製造したノベルティのキーホルダーは男子からも人気。自由が丘駅から徒歩５分。○東京都目黒区自由が丘3-6-8 ☎03・3718・1711 11:00～19:00 水休 www.mie-ux.com/

自由が丘

岩立《いわたて》フォークテキスタイルミュージアム

2009年にオープンしたミュージアム。コレクションは日本民藝館などで展示されることも。定期的にさまざまなテーマの展覧会を開催。入館料300円。○東京都目黒区自由が丘1-25-13 岩立ビル3F ☎03・3718・2461 10:00～17:00（入館は～16:30） 木～土のみ開館

adidas
La marque aux 3 bandes
savignac
TRAINS
AUTOS COUCHETTES
SERVICES AUTOS EXPRESS
Nagaland
MONSAVON
au lait
Northeast
India

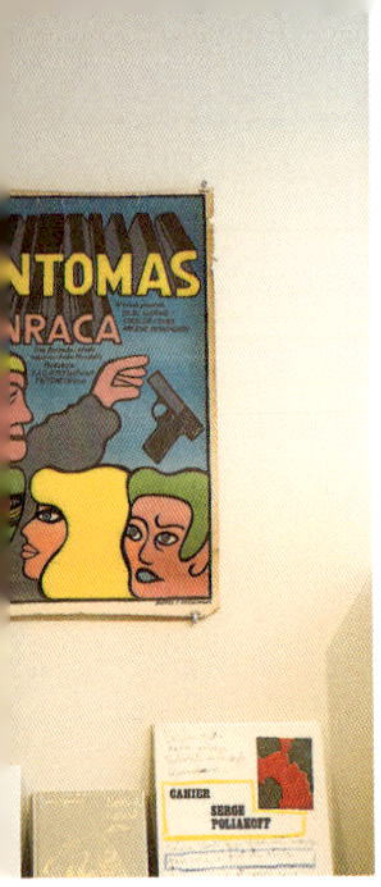

セレクトも、店作りも、雰囲気も、考え方も、僕が大好きな中目黒と渋谷の古書店。

古書店の同業者として、または古書好きの客の一人として、シンパシーを感じつつ、新世代の本屋の中では、一番と太鼓判を押すのが『東塔堂』である。姉妹店の『dessin(デッサン)』は、仕事場に近いせいもあり、よく覗きに行く。

『東塔堂』と『dessin』を比べてみると、美術古書店と雑貨店風古書店。さらに言えば、おとことおんな。大人と子ども。という感じだろうか。そのバランスがとても心地良い。

『dessin』を、おんな子どもと表したが、それはあくまでも店の雰囲気であって、洋書和書共に揃った絵本や児童書、詩集、料理や手芸、'50年代から'70年代を中心にして、よく吟味された古書に目を落とすと、こんなものあんなものとかなりの希少本が棚に隠されている。初山滋の手刷り木版画の画集や、和田誠の『地にはピース』には驚いた。アンティーク雑貨を楽しむ感覚で、すてきな装丁や表紙画の古書を選ぶのもいいだろう。東欧の手芸本や工芸本など、珍しい本がたくさん見つかる。

僕はよく外国人の知人に古書店のおすすめを聞かれるのだが、中目黒なら『dessin』を紹介している。「こんなところにこんなにすてきな本屋があるなんて!」と喜ばれる。定期的に行われているフェアも見逃せない。

アート、デザイン、写真、建築の希少本を専門とする『東塔堂』は、渋谷区鶯谷町にある。

代表の大和田悠樹さんは、神保町の『源喜堂書店』で働いた後、開業をした。彼の古書店には、ありがちな雑多な雰囲気はひとつもなく、かび臭さもなく、機嫌の悪そうな店主もいない。とにかく清潔で、本が選びやすく、長居しても疲れず、ゆったりできる本棚と通路のスペースというように、店作りのいちいちが、大和田さんの洗練された美学で構成されている。こんなに気持ち良い古書店は稀有である。そしてまた、蔵書のクオリティが抜群に高いという、見た目だけではない古書店の底力が見え隠れしている。ここに来れば欲しい本が必ず見つかる。

『東塔堂』の見どころは他にもある。それは本棚だ。一見なんてことのない本棚だが、この本棚にどれだけの知恵と工夫が込められているのかは、同業者の僕だからよくわかる。僕はこの本棚を見た時、大和田さんが何を大切にしているのかを僕なりに知ることができた。一年に一度、全ての本棚をオイルで磨き上げるという。それだけで感動だ。

ここ十年くらいだろうか、ウェブストアも含めて新しい感性で生み出されたセレクト古書店がとても増えた。セレクトが素晴らしい古書店もいっぱいある。しかし、『東塔堂』と『dessin』のように、まぶしい日差しがたっぷり入る気持ちいい古書店は他にはない。

中目黒

dessin《デッサン》

時間がゆったり流れているような店内には、世界各国の絵本の他、写真集やアート本が並ぶ。店先にあるかわいい看板が目印。奥にはギャラリースペースも。中目黒駅から山手通りを池尻方面に向かって、徒歩約5分の交差点を左折してすぐ。○東京都目黒区東山1-9-7 ☎03・3710・2310 12:00〜20:00 火休

渋谷

東塔堂《とうとうどう》

専門的な美術書や写真集に加え、建築やグラフィック関係の本も充実。居心地のいいミニマムで洗練された空間は、思わず長居してしまう。渋谷駅からJRの線路沿いを桜ヶ丘方面に向かって徒歩約6分。○東京都渋谷区鶯谷町5-7 第2ヴィラ青山1F ☎03・3770・7387 12:00〜20:00 日休

LOLA ALVAREZ BRAVO

DEN SVENSKA
HEMSLÖJDEN
HANDCRAFT
IN SWEDEN

dessin
Art & Picture Books
open 12:00–20:00
closed on Tuesday

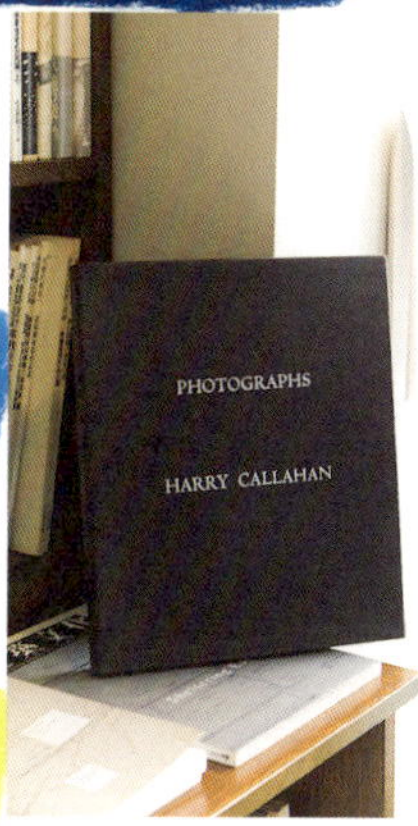
PHOTOGRAPHS
HARRY CALLAHAN

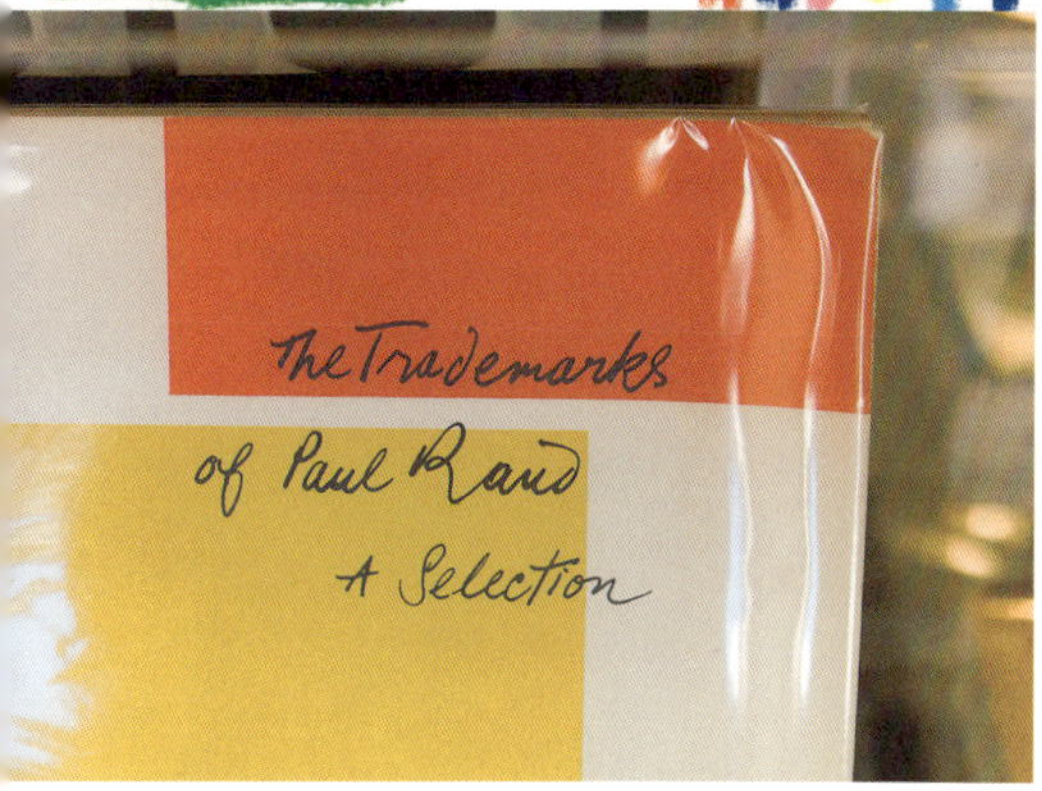
The Trademarks
of Paul Rand
A Selection

NINE
SWIMMING
POOLS
DAIDO MORIYAMA

Totodo

青山で好きな店はどこかと聞かれたら、僕は迷うことなくこの二軒を選ぶ。

『古民藝もりた』を知ったのは、僕がまだ二十代のはじめ頃のことだった。アメリカかぶれだった僕を見かねた年上の知人が、ある日、自分の好きな店のひとつとして、連れていってくれた。「蕎麦猪口をひとつ選んで」と知人は言った。知人は「僕はこれにしよう」と他より小さい、「のぞき」という蕎麦猪口を選んだ。僕は無粋にも値段をちらちら見ながら、なかなか選べなかった。「ぱっと見て好きだと思うものでいいんだ」と知人は言った。そうかと思った僕は、自分の名前にちなんだ「松」の柄が入った蕎麦猪口を選んだ。「いいのを選んだね」と知人は言って、それを僕にプレゼントしてくれた。安くないプレゼントだった。

『古民藝もりた』に並んでいた古い道具やクラフト品、染織、骨董は、日本だけでなく、インドや東南アジアといった僕の知らない国々から集められたものばかりだった。その懐かしくてあたたかな手仕事による品々は、単なるアンティークや骨董という言葉を超えた、古さと新しさの同居する不思議な魅力で、若かりし日の僕の感性を刺激した。

それからの日々、僕は、美術館や展覧会に足を運ぶのと同じ感覚で、時たまふらりと『古民藝もりた』を訪れるようになった。いつかここで買い物できるようになれたらいいなと、小さな夢を抱いた。その思いは、買い物をしないにもかかわらず、興味を持ったものについて、質問をすると、いつも店でにこやかに挨拶してくれる奥さんの、親切ていねいな説明が嬉しかったからだ。世界にはこんなにすばらしい手仕事があるということを教えてくれたからだ。店主の森田直さんの審美眼にも憧れた。

自分の好きなものばかりを飾った自宅の棚を見渡すと、『古民藝もりた』で買い求めたものがいくつもある。知人にプレゼントしてもらった「松」の柄の蕎麦猪口は、一番いい場所に飾っている。湯呑み代わりにも使っている。

昔から惹かれるものに、イギリスのガーデニング用品がある。正統さと質実剛健さに憧れを抱いている。僕の自宅には、それこそ猫の額のような庭がある。ガーデニングとは言えないが、好きな草花を植えたり、鉢でハーブを育てたりしている。毎朝、水をまくのも、どうってことのないことであるけれど、季節のささやかな変化を感じる楽しみのひとつになっている。

じょうろは、ヨーロッパやイギリスのガーデニング用品を専門に扱う『toolbox』で買い求めた「Haws」を使っている。水の出方が、草花に対してやさしくてやわらかい。『toolbox』は、店主の黒田明雄さんによる、いわばセレクトショップだ。ガーデナーだけでなく、僕のようなモノ好きにはたまらない店だ。日本ではなかなか手に入れられないものばかりがある。

表参道

古《こ》民《みん》藝《げい》もりた

江戸から、明治、大正、昭和までの日本の古陶磁や染織品、木工品の他、東南アジアのものも充実。当時の人々の生活感溢れる品々が楽しい。青山の骨董通りにある店には、海外から訪れる人も。○東京都港区南青山5-12-2　☎03･3407･4466　10:00～19:00　無休

表参道

toolbox《ツールボックス》南《みなみ》青《あお》山《やま》

2013年に西麻布から南青山に移転。イギリスやフランス、アメリカからセレクトされた、職人たちの心意気が感じられるガーデニンググッズが並ぶ。○東京都港区南青山3-3-21 竹本ビル1F　☎03･6411･5689　10:00～18:30、日・祝12:00～18:00　水、第1・3火休

THE IDEAL
SALVAGED
A Genuine

イギリスのおやつとアメリカのおやつ。次の休日はどっちにしようかな。

ロンドンで定宿にしているホテルの楽しみに、アフタヌーンティーがある。チェックインすると、決して広くないけれどコジーな雰囲気のラウンジにアフタヌーンティーセットが用意される。それはホテルからのささやかなもてなしであり、まずはゆっくりお茶を楽しんでくださいというあたたかなメッセージだ。

おいしい紅茶と手作りのフィンガーフードを囲んで、ぼんやりしたり、人とおしゃべりしたり、とにかく豊かでぜいたくな時間を過ごす。そうだ、アフタヌーンティーとは、時間を忘れて過ごす、気持ちいい安らぎなのだ。

東京にも、ホテルはもちろんのこと、いくつかアフタヌーンティーセットを楽しめる場所はある。だけど、ロンドンで味わったものと、ちょっと違うように感じるのはなぜだろう。

そんな僕が、東京でベストワンと太鼓判を押すのが『カフェ・クランペット』のアフタヌーンティーセットだ。イギリス好きのオーナーが精魂込めて作るイギリスの伝統菓子は本物。紅茶はここでしか味わえないこだわりのセレクト。何よりゆったりした時間を過ごせるカフェの雰囲気が大好きだ。そうそう、ロンドンのあのホテルのアフタヌーンティーの過ごし方と空気感とあたたかさが同じなのだ。東京でロンドンを感じることができるなんて、なんてすてきなカフェなんだろう。そしてまた、イギリスの伝統菓子のクランペット（僕の大好物）が食べられる唯一の店としても知られている。もちろんスコーンやクッキーなど、お菓子はすべて花丸三重丸のおいしさだ。

用賀駅から少し歩くけれど、それだけ閑静な場所にあるからこその格別なアフタヌーンティー。アフタヌーンティーセットは、事前に予約をしておくことを忘れないように。

アメリカにはアフタヌーンティーはないけれど、アメリカの家庭料理を代表するアップルパイがある。どこの家庭に行ってもおやつといえばアップルパイだ。その家々の味つけやアレンジが生きた、母の味なのもアップルパイ。

世田谷公園の脇にある『グラニースミス』は、アップルパイ専門店だ。アメリカ暮らしが恋しくなると僕はここにアップルパイを買いに行く。種類が豊富で、しかもすべておいしい。まずは定番の「ダッチ クランブル」をおすすめしたい。「モラセス」という糖蜜が隠し味の、まさにスミスおばあちゃんの味。癖になるのは「クラシック ラムレーズン」だ。りんごの食感とラムレーズンの甘みが絶妙。持ち帰り用と、すぐに食べる用にひとつ買うのもいつもの習慣。よく晴れた日曜の午後に、世田谷公園のベンチでコーヒーとアップルパイを食す。想像しただけで嬉しくなる。

一人でもいいけれど、誰かを誘おうかな。

三宿

GRANNY SMITH《グラニースミス》
APPLE PIE & COFFEE《アップルパイ アンド コーヒー》

ダッチ クランブル、クラシック ラムレーズン、フレンチ ダマンド、イングランド カスタードの他に、季節限定が3種類ほど。1カット¥400～。三宿通り沿いの世田谷公園隣。表参道と横浜にも店舗がある。○東京都世田谷区下馬1-46-10　☎03・6805・3353　10:00～20:00　無休

用賀

Cafe Crumpets《カフェ・クランペット》

イギリスの焼き菓子やキッシュ、サンドイッチが並ぶアフタヌーンティーセットは、2日前までに予約が必要。1人前¥2,480※税込み（注文は2人前から）。用賀駅、上野毛駅より徒歩15分。○東京都世田谷区中町5-31-8　11:30～21:30（LO20:30）、日～20:30（LO19:30）　火休

GRANNY SMITH

通い詰めたい店には、いつもすてきな人がいる。そういう店が僕は好きなんだ。

学芸大学駅の北口には、甘いもののおいしい店がたくさんある。きっと読者も知っているだろう。そんなイメージがあるから、ぶらぶらと散策するのは楽しいエリアだ。

駒沢通りに抜ける道沿いにも、ぽつんぽつんと新しい店ができている。この道は、車でよく通るので、とても気になっていた。

『FOOD & COMPANY』は、そんな店のひとつ。大きな窓から自然光が注ぐ、清潔感あふれた食料品店だ。それこそブルックリン辺りで地元住民に愛されているような佇まいがある。

訪れて一番うれしかったのは、入り口が自動ドアではなかったことだ。自動ドアのほうが便利というのが当たり前の日本。しかし、店というのはいわば人の家でもある。ノックをしないにしても、お邪魔します、いらっしゃい、ありがとう、というやりとりがあるほうがいい。

入り口近くには、農家から届いたばかりの新鮮なオーガニック野菜が並べられている。どんなふうに料理をしたらおいしいのか、そんなことを店の人に気軽に聞きたくなる自由な雰囲気を感じる。そしてまた、しっかりと吟味して選ばれたこだわりの食材を選ぶのが実に楽しい。

食料品店としては小規模かもしれない。しかし、それが逆に親しみを生み、近所であれば、用がなくても訪れたくなるようなコミュニティの場としての機能も果たしている。

「自分たちの暮らしを見つめ直し、ほんとうの豊かさとは何か。ほんとうに必要なものとは何か。ほんとうのしあわせとは何か、を問うことで、自分で料理をすることの意味を分かち合いたい」。オーナーの白冰《バイビン》さんはにこやかに話してくれた。

「人が集まるテーブルと椅子から、この店を作っていきたかった」。と白さんは言う。ここを訪れる客は、コミュニティスペースで足を休め、客同士で会話し、または必要な情報収集をする。単に買い物をする店というよりも、学びと出会いの場であるのも『FOOD & COMPANY』の特徴だろう。だから皆、通い詰めたくなる。

気になる店は他にもある。自由が丘・奥沢の中古車販売店『DESOTO』だ。希少なビンテージカーを専門にしている。類まれなセンスの良さがそれこそメーターを振り切っている。ガレージには、ポルシェRSKのレプリカが、さり気なく置かれ、少年のような目をしたオーナーの上村隆さんは、車一台一台を、まるで自分の友だちを紹介するように説明してくれた。ウェブサイトのリストを見ると、欲しい車ばかりで困ってしまう。'73年式、ブルーのフォード・ブロンコが欲しくなった。これに乗って旅に出ようと喚起されたからだ。

『DESOTO』もまた、学びと出会いの場でもある。だから通い詰めたい。

学芸大学

FOOD《フード》 &《アンド》 COMPANY《カンパニー》

2014年3月にオープンしたグローサリーストア。店内に入ると、生産者に大切に育てられた野菜や果物が目に入る。ワークショップも行われている。学芸大学駅から徒歩約5分。焼き菓子が人気の『メゾン ロミ・ユニ』近く。◯東京都目黒区鷹番3-14-15 ☎03･6303･4216 11:00〜22:00 無休

自由が丘

DESOTO《デソート》

アメリカやヨーロッパから仕入れた、1930〜'70年代の希少なヴィンテージカーが並ぶ。古いトレーラーや移動販売車などの珍しい車種も人気だとか。自由が丘駅、九品仏駅から徒歩約7分。店先に並ぶヴィンテージカーが目印。◯東京都世田谷区奥沢6-20-1 ☎03･5707･5750 10:00〜20:00 日休

GINGER SYRUP
POMODORI SECCHI
ITALIAN ORGANIC PRODUCTION
MY BEST GRANOLA
TOKYO
Original

FOOD&COMPANY

RAINBO
ICE CRE
ELK GROVE
CA. 95624

すぐ近くにこんなすてきな店があるなんて。なんてラッキーなのだろう。

仕事場の恵比寿で、帰りに何かを食べようとなった。恵比寿には、おいしいものはいくらでもある。さて、どこに行こうかとうきうきしながら思案した時、一緒に行く人が、前から気になる店があるというので、そこに行くことにした。『バーガーマニア』というハンバーガーレストランだ。気になると言った本人が、ベジタリアン派なので驚いたが、まあ、いいだろうと付いていった。僕も、ベジタリアン派である。

ニューヨークのブルックリンあたりにある、おいしいバーガー屋を彷彿させる雰囲気に満ちていて、中に入った途端に、ああ、ここなら大丈夫と思った。キッチンから、アメリカのおいしいバーガーを知っている人が作る料理の匂いが漂っていたからだ。若いスタッフがきびきびと働いているのも気持ちがいい。チェリーバーガーと、クラシックパティメルト・サンドイッチ、パンケーキを頼んだ。焼き加減や具材のアレンジなど自由自在なのが嬉しい。メニューに目を通すと、ニューヨークに行かなくても、バーガー屋のバーガーが、ここで食べられるとわかって、いい店を知ったぞと思った。

チェリーバーガーは、その名の通り、チェリーがごろっとバーガーに載っていて、ここでしか食べられない味だ。サンドイッチは、グリルしたオニオンとパティ、二種類のチーズが溶け合って絶品だった。そしてなにより、パンケーキの味には驚いた。甘くてほのかにしょっぱい僕の好みのパンケーキがここにあった。バーガーは全種食べたいね。連れはそう言った。

石川博子さんの『ファーマーズ・テーブル』は、「生活まわりの雑貨のお店」として、個人が個人らしさを貫いた店として、大尊敬している。ほんとうに大好きな店であり、二十代の頃から、この店から教わったことはあまりに多く、それは目に見えるものではなく、なんというか、心の持ちようというか、まさに自分らしく生きるために、楽しくて、美しくて、気持ちいい、こんな感じという、ひとつのお手本として、いつも僕の目の前にあった。ケメックスのコーヒーメーカーしかり。『ファーマーズ・テーブル』で出会ったすてきなものは数知れない。

今、僕は、仲村旨和さんのカッティングボードや、村上躍さんのティーポットなど、『ファーマーズ・テーブル』に行くと、買わずにいられないものがたくさんある。

店はビルの四階にある。エレベーターは無いので階段で上がる。三階まで行くと、踊り場に、「もう少しです」と書かれたサインボードがあり、ほっと安心する。足休めの椅子まであるのだ。さすがだなあ、石川さん、と思ってしまう。

仕事場のある恵比寿に移ってきてくれてほんとうに嬉しい。

恵比寿

Burger Mania《バーガーマニア》 恵比寿店《えびすてん》

人気メニューは、「チェリーバーガー」(￥1,290)、「自家製パンケーキ」(￥780)、「クラシックパティメルト」(￥1,030) など。価格はすべて税込み。恵比寿駅東口交差点からすぐ。他に白金店、広尾店がある。◯東京都渋谷区恵比寿4-9-5　☎03･6277･4221　11:00〜24:00　無休

恵比寿

Farmer's Table《ファーマーズ・テーブル》

1985年、表参道・同潤会アパートでオープン。その後、原宿、恵比寿へ移転。オーナー石川博子さんの経験とセンスが反映された品揃え。1階は『メゾン マルタン マルジェラ トウキョウ』。◯東京都渋谷区恵比寿南2-8-13 共立電機ビル4F　☎03･6452･2330　12:00〜19:00　無休

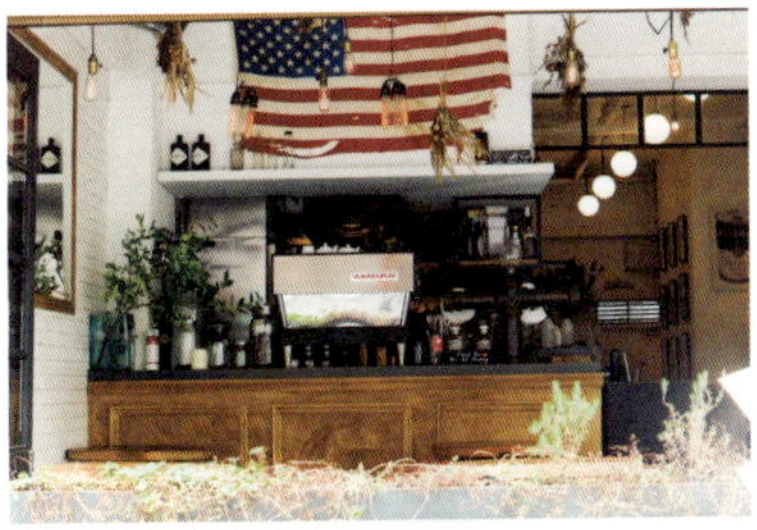
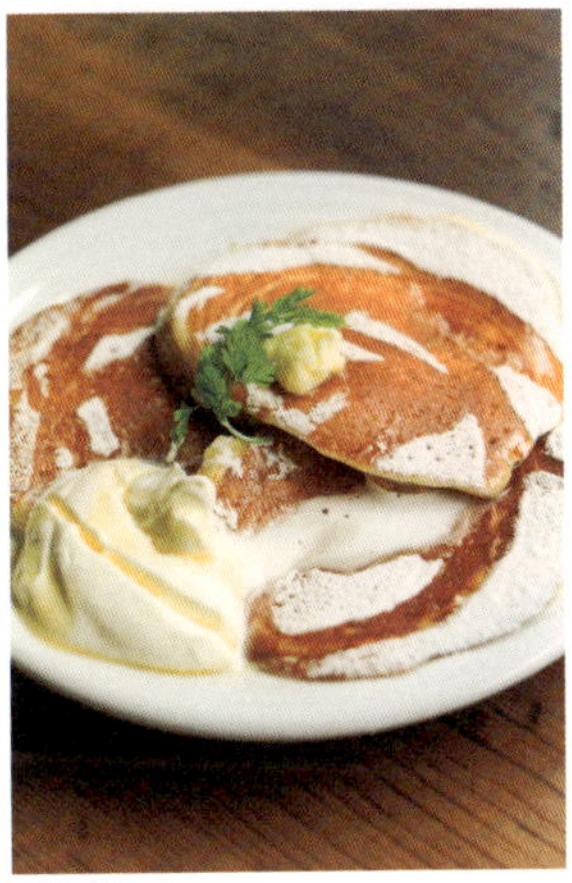
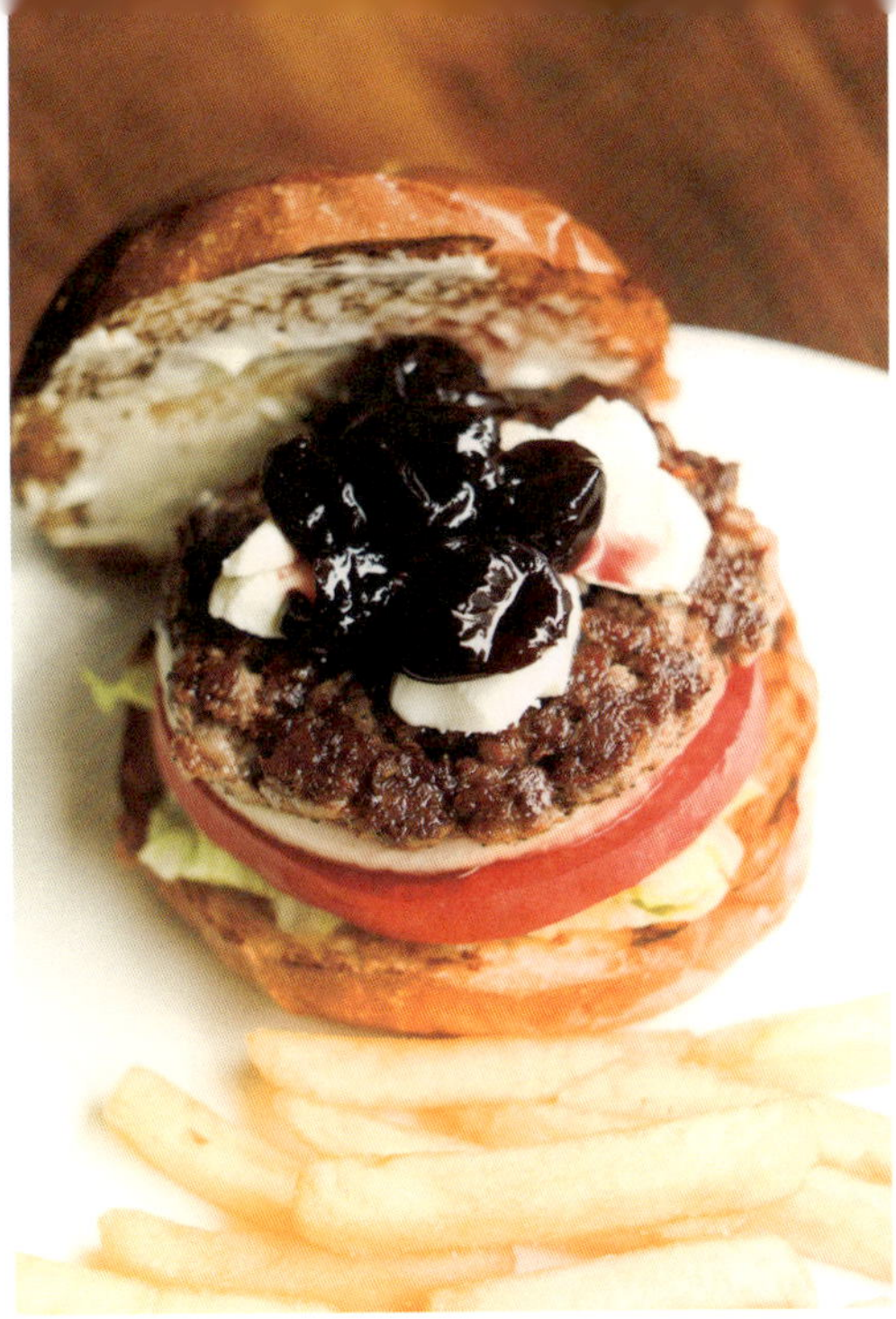
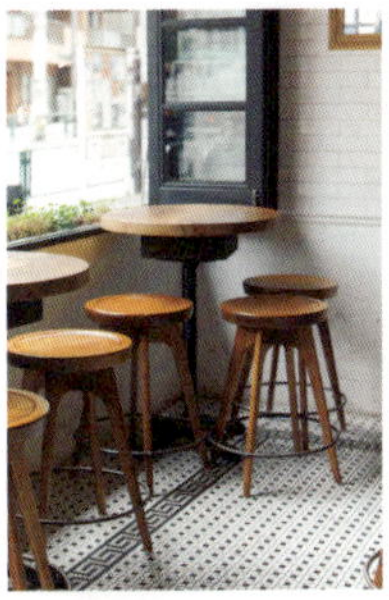
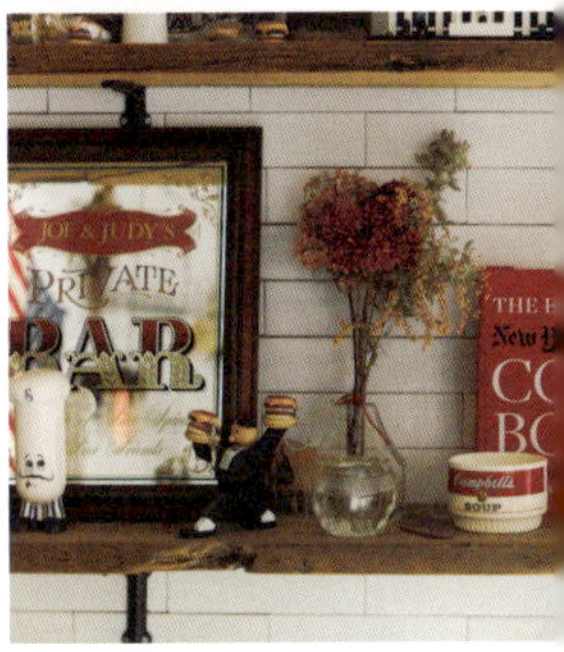
PRIVATE
BAR
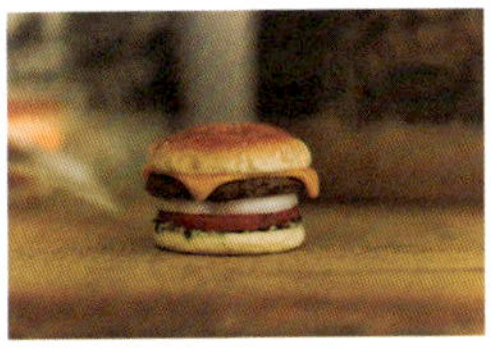
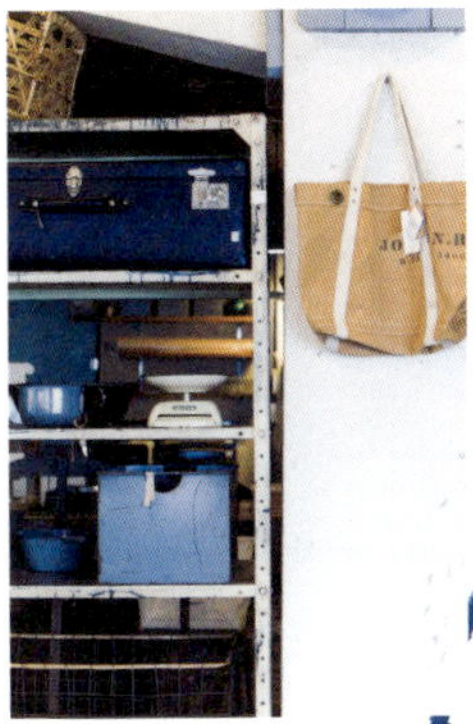
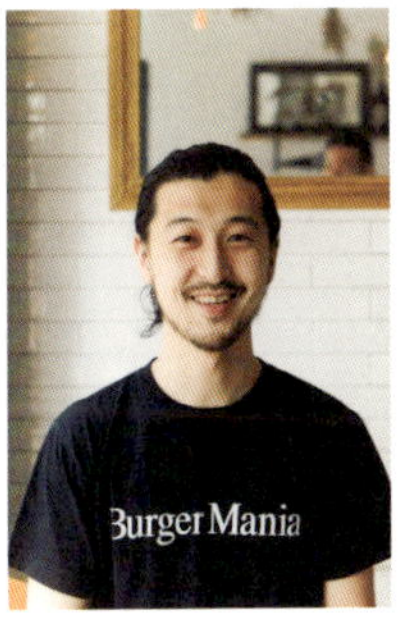
Burger Mania
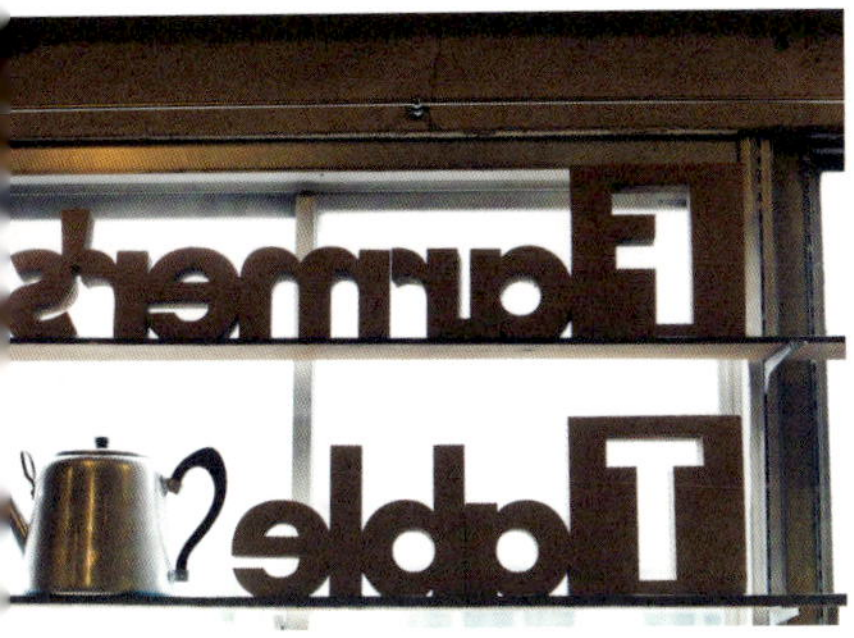
Farmers
Table
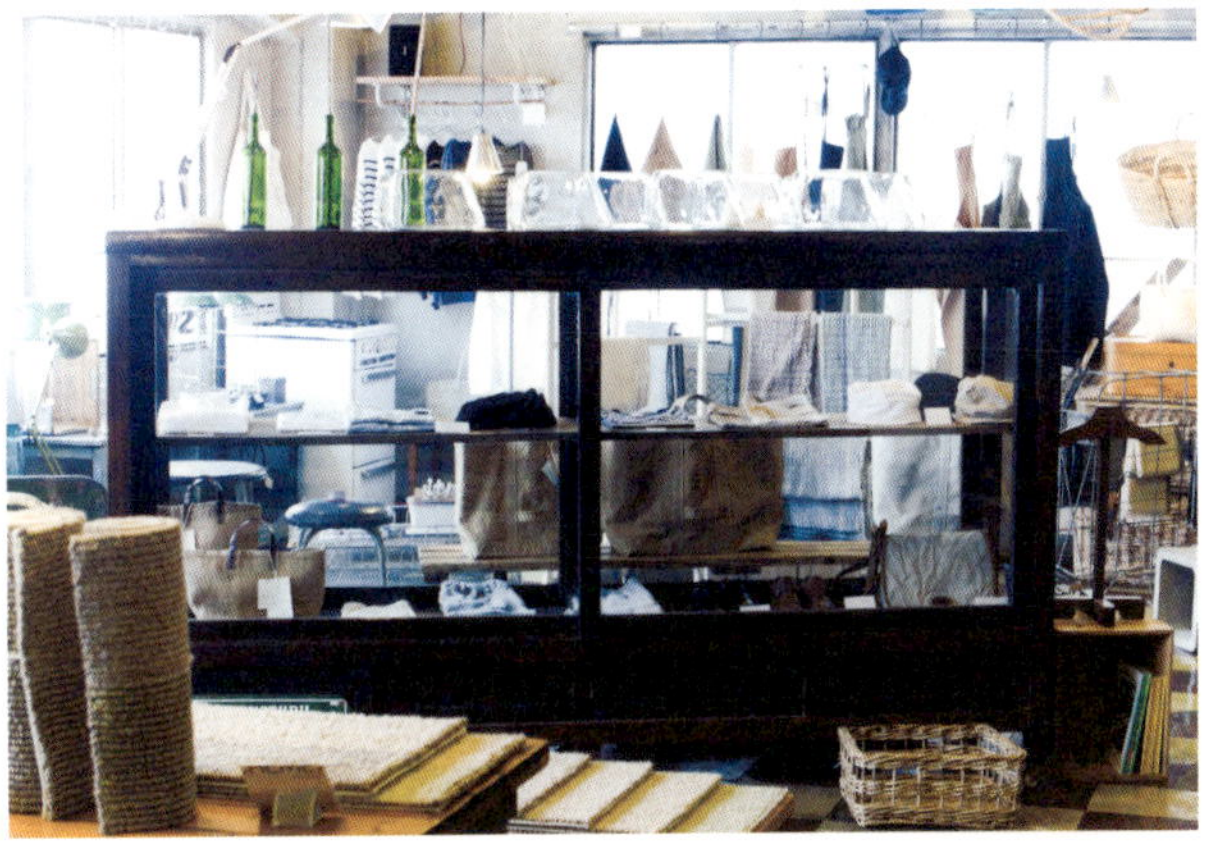
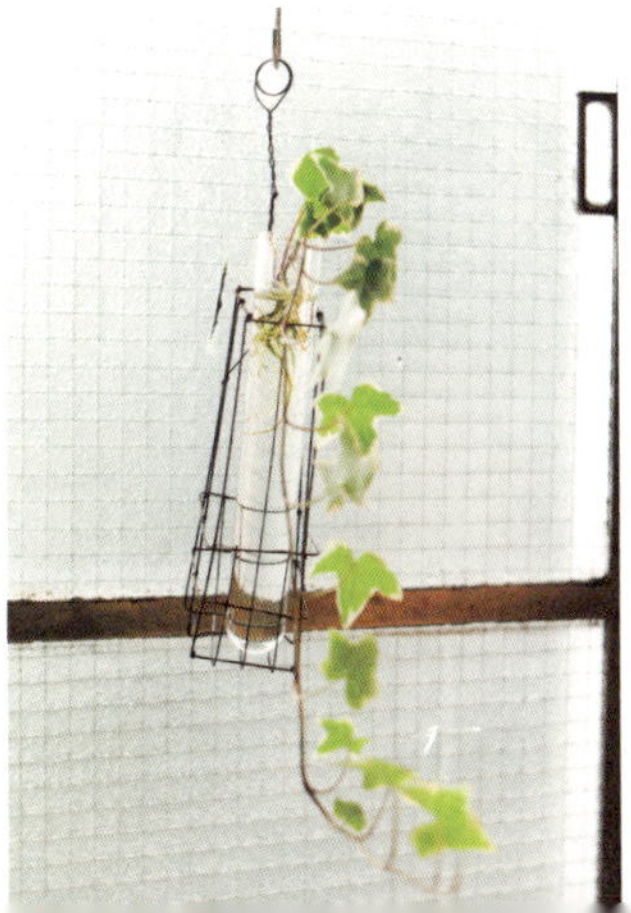
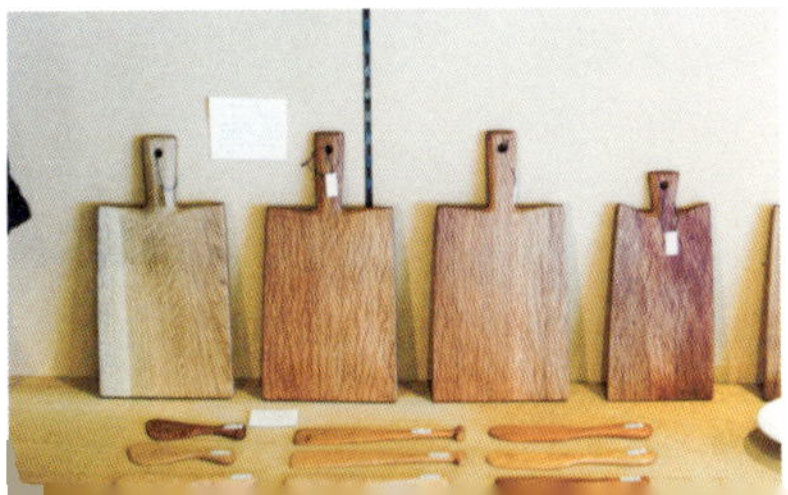
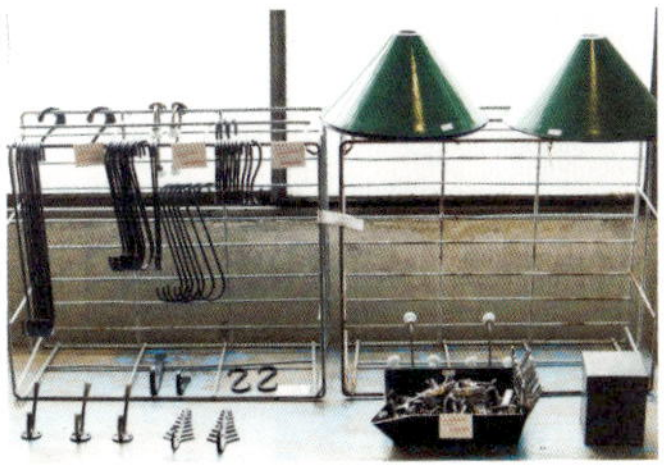
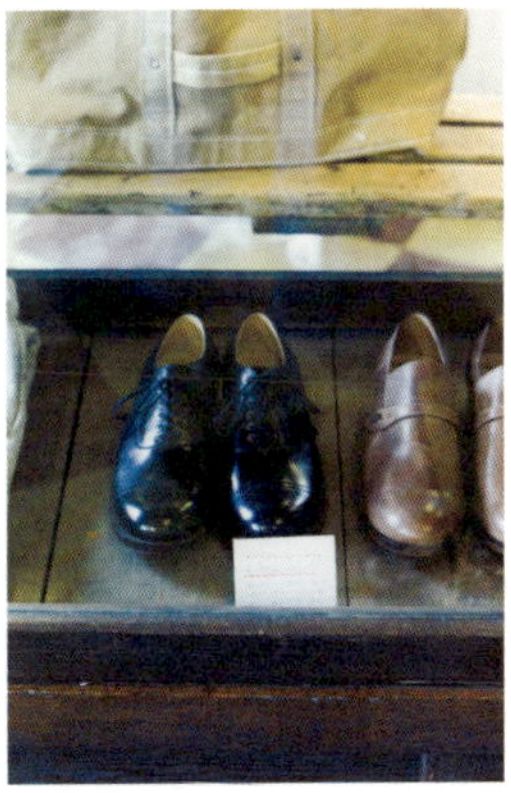

おいしいパンと野菜があるから、僕はいつまでも中目黒に居続けている。

中目黒という街と付き合うようになって、二十年が経つ。マンションの一室でアポイント制の本屋を始めて、その後、目黒川沿いに路面店を開いた。トラックの荷台を本棚に改造した移動書店は、今でも続けている。個人としては、執筆業でありながら、雑誌編集をしたり、今はクックパッドで、「くらしのきほん」というウェブサービスの開発に携わっている。

そんなふうに自分の仕事形態が変わっていくように、中目黒という街も様変わりを繰り返している。

中目黒の良さはなんだろうとふと思う。それは目黒川を中心にして、広い範囲で個性的なお店が点在していることだろう。ある一角や、ある通りだけに集まっているのではなく、あっちに一軒、そっちに一軒、もっと向こうにもう一軒というように。そう、中目黒エリアは広い。

話が飛ぶが、僕はあんぱんが大好きで、パン屋を見つけるとあんぱんを買わずにいられない。あんぱんといえば、銀座の老舗を思い浮かべるが、確かにおいしいけれど、もっとおいしいあんぱんが、中目黒にあるのをご存知だろうか。

僕にとってのあんぱんランキング一位は『ロータスバゲット』のあんぱんだ。天然酵母と有機栽培の素材を使った『ロータスバゲット』は、代官山、中目黒、目黒川と近所だけで三店舗ある。買物はいつも『目黒川ロータス』だ。

何よりあんこがおいしい。小豆の味と風味を最大限に引き出して炊いた、甘さ控えめのあんこのおいしさに驚く。味にうるさい料理人の友人に食べさせたら、そのおいしさに黙りこんで、その日からファンになった。こんなふうに言うと、褒めすぎになるが、パンはすべておいしいと太鼓判を押す。『ロータスバゲット』のパンは、おいしいだけでなく、体に安心というこだわりが実現できている数少ないパン屋さんだろう。

中目黒には飲食店がかなり多いが、好きな店が本当に少ない。静かにおしゃべりができて、狭苦しくなく、気の利くスタッフがいて、体によい食材を使っている店が好きという、僕のようなわがままな人が行ける店が無いからだ。

だから、中目黒での外食は、オーガニックビストロの『マザーエスタ』ばかり行くというのは嘘ではないし、この店があるから中目黒に居続けるというのも嘘にはならない。すべての野菜とフルーツが、内田悟さんの青果店『築地御厨』からというから、野菜好きとしてはたまらない。毎回食べるエスタサラダには、旬の野菜が30種類近くも使われている。癖になるのは、糖度10度以上のトマトだけを使った、混じり気無しのトマトジュースだ。これ一杯で元気回復の飲むクスリだ。

『ロータスバゲット』と『マザーエスタ』。この二軒があるから中目黒を離れられない。

中目黒

MEGUROGAWA LOTUS《メグロガワロータス》

2014年3月、中目黒駅から徒歩5、6分の目黒川沿いにオープンしたパン屋さん。天然酵母と有機栽培の素材を使っている。気持ちいいイートインスペースもあり。あんパン（¥220）、よもぎあんパン（¥220）の他、食パンやサンドイッチも充実。〇東京都目黒区青葉台1-13-10 ☎03･5456･5141 9:00〜19:00 無休

中目黒

mother esta《マザーエスタ》

厳選された有機野菜と果物が主役のレストラン。目黒川沿いにあり、店内は昼間は優しい日差しが差し込む。夜は少し暗めの照明が心地いい。エスタサラダ¥2,400、オーガニックのベジタブルカレー¥1,600、トマトジュース¥1,000。〇東京都目黒区青葉台2-20-14 ☎03･5724･5778 無休

Lotus
baguette

in
VERDE
le
insalate

Afterword

　なぜ、そんなに歩くのか。

　仕事もあり、暮らしの中でするべきことも、いろいろとあり忙しいだろう。それなのに、なぜそう、いつも歩いているのかと。

「一人になるために」。僕はこう答える。

　歩くとは、多少の運動でもあるけれど、僕の場合、歩きながら、景色に目をやり、そこで暮らす人々を眺め、その土地の風や空気に包まれながら、様々なことを感じ、ぼんやりと、何かを考え続けるということだ。

　そしてそれは、たった一人になって、自分を見つめるように、ぐっと集中して、何かを深掘りしているような行為でもある。そう、歩くとは考えることだ。

　歩きながら、ぼんやりと何を考えているのか。

　僕はいつも自分が新しくありたい。新しいまなざし、新しい心、新しい感受性で、新しいことに取り組みたい。だから、歩きながらこう考える。これまでの自分の考えをできるだけ改めて、すべてを新しい自分で見つめ直したいと。

　新しい挑戦は、一人でなければ、考えられないのだ。

松浦弥太郎

まつうら・やたろう／文筆家。雑誌『暮しの手帖』編集長を経て、2015年より「クックパッド」に所属。ウェブサイト「くらしのきほん」編集長。中目黒『COW BOOKS』代表。著書に『100の基本 松浦弥太郎のベーシックノート』『くいしんぼう』『男の一流品カタログ』（弊社刊）など多数。

この店、あの場所

Here, There and Everywhere

2015年10月10日　第1刷発行

著　　者　松浦弥太郎
装　　丁　前田晃伸、上條 慶
編　　集　ポパイ編集部（木下孝浩、辻村雅史）
発 行 者　石崎 孟
発 行 所　株式会社マガジンハウス
〒104-8003 東京都中央区銀座3-13-10
受注センター ☎049・275・1811
ポパイ編集部 ☎03・3545・7160
印刷・製本　大日本印刷株式会社

Printed in Japan
ISBN978-4-8387-2819-0 C0095